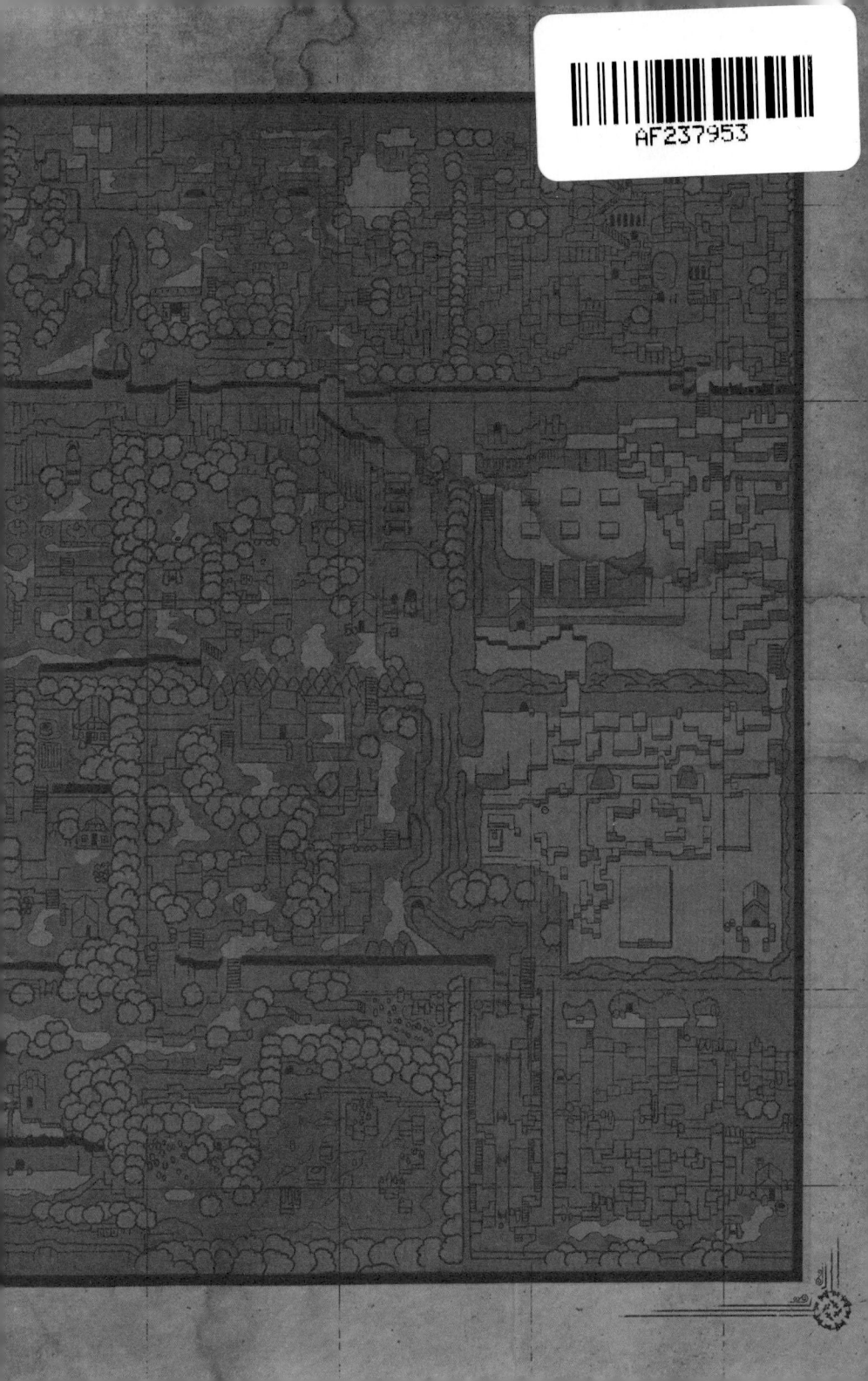

5 Alundra

EL LIBERTADOR DE MIS SUEÑOS

MEMORIAS DEL RPG

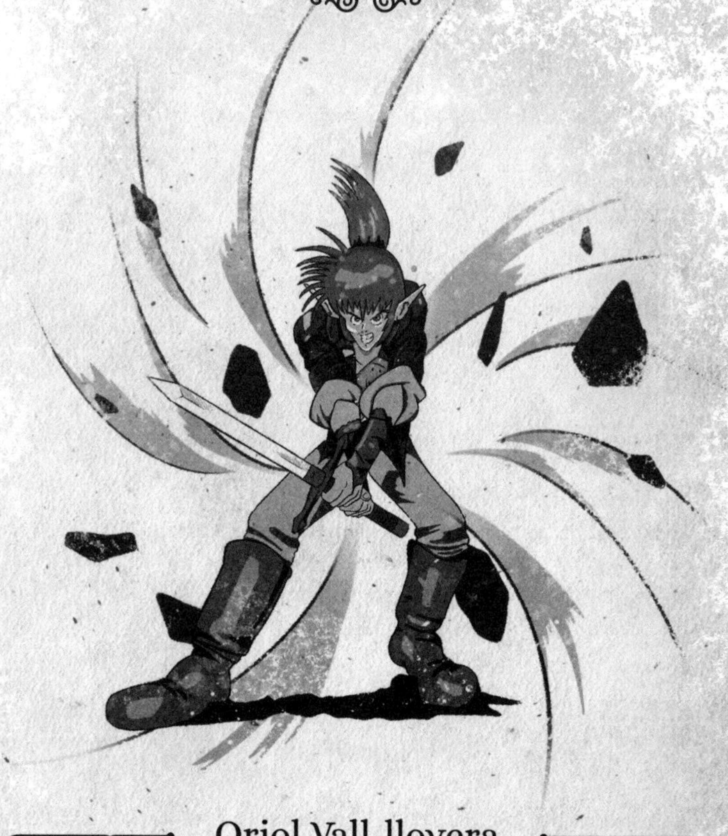

Oriol Vall-llovera

EL LIBERTADOR DE MIS SUEÑOS

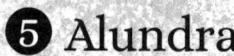

Memorias del RPG: El libertador de mis sueños. Alundra
Primera edición: 2024
ISBN: 978-84-19084-61-3
Depósito legal: SE 1006-2024

©2024 Ediciones Héroes de Papel, S.L.,
sobre la presente edición
P. I. PIBO. AV. Camas, 1-3. Local 14. 41110
Bollullos de la Mitación (Sevilla)

Autor: Oriol Vall-llovera
Edición: Ricardo Martínez Cantudo
Arte y maquetación: Ezequiel Sona
Corrección: Isaac López Redondo y Daniel García Raso

Libro no oficial. *Alundra* es una marca registrada
de ©Sony Computer Entertainment Inc.

A todos los jugadores que soñaron despiertos
con esta obra maestra y que sufrieron
pesadillas con las columnas de hielo.

Índice

1.

PRÓLOGO

Por Daniel Del Puerto
Podcast Memoria Cósmica

*he Adventures of Alundra* llegó a tierras españolas en junio del ya lejano 1998, ganándose el cariño y la admiración de muchos jugadores y pasando a ser conocido como el Zelda de PlayStation. Personalmente, supe de su existencia gracias a los célebres catálogos de Centro Mail, de los que aún conservo varios ejemplares, en el apartado de títulos a la venta de la gris de Sony, donde aparecía con un precio de 7490 pesetas. Sin embargo, la persona culpable de que me hiciera con él fue Uri, autor de este magnífico libro, quien en múltiples ocasiones me recomendó encarecidamente que lo jugara. Tardé bastante tiempo en hacerle caso, pero finalmente acabé haciéndome con mi propio *Alundra* y pude disfrutarlo de principio a fin, descubriendo, de ese modo, la pequeña joya que se ocultaba en su interior.

No entraré a valorar si los videojuegos son o no un arte, aunque es evidente que muchos de ellos tienen un gran atractivo visual y son capaces de transmitirnos todo tipo de emociones. Sin ir más lejos, *Alundra* posee un bellísimo apartado gráfico y una hermosa banda sonora, aparte de contar con una magnífica narrativa, gracias al mimo con el que se presentan las diferentes escenas, así como por la espléndida traducción al español de los textos que nos van desvelando el argumento en boca de sus protagonistas. Lo que sí diré es que todo aquel que haya jugado a *Alundra* sabrá que el eje vertebrador del juego son los sueños y que este es un elemento recurrente en el mundo de las artes.

Por ejemplo, guarda una gran relación con la música, tanto por el hecho de que una agradable y melódica composición puede ayudarnos a caer rendidos en los brazos de Morfeo, como por la existencia de determinadas piezas musicales, como las nanas infantiles, que han sido expresamente creadas para ayudar a conciliar el sueño. En el campo de la pintura, quizá el ejemplo más claro lo protagonice el movimiento surrealista, cuyos autores estaban fascinados por el mundo de los sueños, que constituye el reino de lo irracional y las cosas imposibles. Ahí quedan para la posteridad muchas de sus obras, como *La persistencia de la memoria* de Salvador Dalí, famosa por sus relojes blandos, que tal vez estén haciendo referencia a la relatividad del tiempo en los sueños, donde todo parece ir a otra velocidad. Esto último me llevaría a enlazar con el séptimo arte, el cine, donde la película *Origen* de Christopher Nolan plasma con gran maestría esa particular velocidad que impera en los sueños, siendo un perfecto ejemplo del protagonismo de lo onírico en el mundo del cine. Por ir poniendo el punto y final a este prólogo, y dado que estamos ante una obra literaria, campo donde los sueños también han inspirado numerosas obras, a modo de conclusión, adaptaré los versos más célebres de *La vida es sueño* de Pedro Calderón de la Barca, una de las obras cumbre del Barroco español y cerraré escribiendo:

¿Qué es *Alundra*? Un frenesí.
¿Qué es *Alundra*? Una ilusión,
una sombra, una ficción;
y el mayor bien es pequeño,
que toda la vida es sueño,
y los sueños, sueños son.

DANIEL DEL PUERTO
Pódcast *Memoria Cósmica*

2.

UN JUEGO
DE
ENSUEÑO

ocar la fibra sensible no es fácil. Ciertamente, puede conseguirlo cualquier obra de arte, de la misma forma que puede conseguirlo una melodía, una película, un videojuego o, por supuesto, una persona en cualquier situación cotidiana. Sin embargo, llegar al alma de alguien a través de algo tan complejo —y a la vez tan bonito— como una creación propia, solo está al alcance de unos pocos elegidos. Por eso, cuando alguien consigue producir ese efecto no en una, sino en varias personas, resulta especialmente loable. Y si ese impacto perdura en la mente colectiva de miles de personas durante muchos años son palabras mayores.

En videojuegos, no son precisamente pocos los títulos que han logrado convertirse en juegos de culto gracias a haber conmovido a millones de jugadores en todo el mundo. Muchos de ellos, incluso, aparecen habitualmente en las típicas listas de los mejores videojuegos de la historia. Unos han conseguido trascender porque fueron revolucionarios, otros lo han conseguido a través de una historia profunda y personajes carismáticos; y otros, simplemente, son únicos, mágicos e irrepetibles.

Hoy quiero hablaros de *Alundra*, o *The Adventures of Alundra* si lo preferís. Uno de esos juegos que, sin la necesidad de encontrarse entre los más vendidos de la época de la primera PlayStation (consola para la que fue exclusivo), ha logrado hacerse un hueco entre esos pocos elegidos capaces de despertar nostalgia y pasión a partes iguales. Un título desarrollado por Matrix Software y publicado en Europa por la difunta Psygnosis (qué grandes momentos me hiciste pasar) que, bajo el paraguas de Sony y un equipo de ensueño, fue considerado por muchos como el *The Legend of Zelda* de PlayStation.

Soy un gran amante de la magnífica saga creada por Shigeru Miyamoto. Y son evidentes los motivos por los cuales se hacía la comparación en la época. De hecho, no había muchos juegos que se atrevieran a presentar una estructura tan parecida a la usada por la propiedad intelectual de Nintendo. No obstante, si *Alundra* ha conseguido convertirse en una leyenda con el paso del tiempo; si ha sido capaz de ganarse la posibilidad de estar hoy aquí, como uno más de la colección Memorias del RPG, es porque tiene identidad propia.

Alundra es, resumiendo, un juego que aúna en un solo producto las grandes virtudes de los mejores Zelda en 2D de la era de los ocho y los dieciséis bits; y todo eso sumando además una serie de características únicas y maravillosas, que incluso hoy en día no se encuentran en ningún otro juego. Desde luego, tampoco en su insípida secuela. Su historia es muy humana y su argumento muy profundo, atreviéndose incluso a tocar temas tan peliagudos o poco habituales en el medio como la religión o la muerte. Y sabe emocionar con sus diálogos y sus giros de guion. Además, su traducción es excelente para los estándares del momento.

Su banda sonora puede ser alegre, triste, onírica, trepidante o épica según requiera, pero siempre acorde con la ambientación y la narrativa. Y Kohei Tanaka, su compositor, parece haber sido tocado con la varita mágica que Nobuo Uematsu manejaba en la década de los noventa. Sí, aquella época en la que Squaresoft convertía en oro prácticamente todo lo que tocaba, cual rey Midas.

Por si fuera poco, *Alundra* era un juego bellísimo, con un apartado artístico en 2D que le ha permitido trascender el tiempo. Da igual cuándo lo pruebes; estéticamente sigue siendo atractivo, diferenciándose así de otros títulos que en aquella época estaban más preocupados de sorprender a un público que, en muchas ocasiones, ya no aceptaba nada que no fuera en 3D. Además, su diseño artístico, con especial mención al diseño de personajes y enemigos, es exquisito.

Pero si por algo destacaba *Alundra*, era por su jugabilidad y los míticos rompecabezas que incluía, con una variedad desmesurada para ofrecer retos tan inteligentes y originales como distintos entre sí. También más complicados de lo habitual. Sin olvidar los elementos de plataformas, el sistema de derrapes que tenía o incluso la forma en la que jugaba con las perspectivas, dándole una profundidad a los saltos y a la exploración que otros juegos más antiguos no podían alcanzar por cuestiones técnicas.

Y por último, aunque no por ello menos importante, estaba el tema central del argumento: las pesadillas. El protagonista era un personaje capaz de entrar en los sueños de los demás. Algo que, argumento aparte, permitía que algunas mazmorras se salieran completamente del formato habitual, siendo mucho más originales y sorprendentes. Una forma magistral de ampliar el mundo del juego.

Alundra también tenía algo difícil de explicar con palabras. Esa sensación que, en ocasiones, solo puede producir un videojuego gracias a la interactividad que no se encuentra en otros medios como la pintura o el cine. Esa magia que muy pocos ofrecían y que, en el género RPG, rara vez ocurría fuera de las compañías y sagas más consagradas. Solo se me ocurre explicarlo diciendo que, al fin y al cabo, muchas personas coincidían sin siquiera saberlo. Y en una época en la que la gente no estaba tan conectada como hoy en día. Después se puso todo eso en común y... sorpresa. ¡Eran muchos los que pensaban igual! Ese derecho no era exclusivo de títulos como *Final Fantasy VII* o *The Legend of Zelda: Ocarina of Time*.

En definitiva, este libro es una oda al propio juego, un viaje espiritual por las entrañas del mismo y un reflejo de aquellos sentimientos que tuve cuando lo jugué por primera vez. También es un homenaje a Matrix Software, a la primera PlayStation, al género RPG y a todos los jugadores que lo aman. *Alundra* fue el libertador de mis sueños cuando las pesadillas del mundo en que vivimos querían atormentarme. Un juego de ensueño del que los jugadores jamás despertarán mientras siga vivo en nuestras mentes colectivas.

3.

LA ALINEACIÓN DE LOS ASTROS

os buenos juegos son fruto del buen trabajo, pero para ir un paso más allá, se tienen que dar una serie de circunstancias inusuales. A veces, solo se entiende el éxito de un proyecto conociendo aquellos que han estado detrás del mismo. Cuando se juntan varios genios, no siempre es sinónimo de garantías, pero es complicado que salga mal. Incluso hay ejemplos perfectos como el de *Chrono Trigger*.

Puede que los creativos detrás de *The Adventures of Alundra* no gocen de la popularidad que tienen Hironobu Sakaguchi, Yuji Horii, Nobuo Uematsu o Akira Toriyama, pero lo cierto es que también formaron un auténtico equipo de ensueño. El desarrollo de *Alundra* empezó antes del lanzamiento de la propia PlayStation, en 1994. Y se alargó durante tres años, ya que el título se lanzó en Japón en abril del año 1997. Aquí llegó en 1998, un año para enmarcar, por cierto.

Para entender por qué ese equipo creativo trabajó tan bien en tan poco tiempo, es primordial explicar que *Alundra* fue, en realidad, una especie de secuela espiritual de *Landstalker*, un juego de Climax Entertainment exclusivo de Mega Drive. De entrada, el presidente de Matrix Software, Yasuhiro Ohori, fue director de *Alundra* tras haber trabajado en *Landstalker*. Además, el director de *Landstalker*, Kenji

Orimo, fue diseñador de mapas y escenarios en *Alundra*. Por si fuera poco, Yoshitaka Tamaki fue artista y diseñador de personajes en ambos juegos, aparte de haber trabajado en la saga Shining Force.

Además, ese equipo maravilloso también estaba compuesto por Ichirou Tezuka como guionista y por el aclamado compositor Kohei Tanaka. El primero era muy conocido en Japón por la novela *Saigo No Ryu Ni Sasageru Uta*, así como por haber escrito la historia de otro juego de PlayStation con buenas críticas: *Ring of Sias*. En cuanto a Tanaka, sus melodías están presentes en múltiples series de animación. Por ejemplo, *Gunbuster* y *Sakura Wars*. Aparte de haber colaborado en *Dragon Ball* y *One Piece*.

En conclusión, si el juego salió tan bien, es porque hubo una armonía absoluta entre las individualidades y el conjunto. Es como con un equipo de fútbol, en el que las individualidades no garantizan el éxito, pero marcan la diferencia con un buen equipo. Y hablando del equipo, tampoco puedo olvidarme del diseñador Yasunaga Oyama o del productor ejecutivo Akira Sato, al que seguramente habrás visto en los créditos de decenas de juegos de Sony: *Gran Turismo*, *Wild Arms*, *ICO* o incluso *PaRappa the Rapper*.

LA IMPORTANCIA DE LANDSTALKER

Todo empezó con *Landstalker*. Y si nunca lo has jugado, en pocas líneas entenderás el porqué. Lanzado a finales de 1992 en Japón y en 1993 en Europa, lo primero que llamó la atención fue su apartado técnico: ni en 3D, ni en 2D. De hecho, en la época se bautizó ese estilo visual como «3D isométrico». Para que te hagas una idea, es el mismo que utilizó Squaresoft para *Super Mario RPG*.

Se trataba de una perspectiva ideal para mantener la estructura jugable de una aventura en 2D, pero aportando más profundidad para que acciones tan simples como subir por una escalera, atacar o saltar, fueran más divertidas e inmersivas. Partiendo de esa base, la propuesta de *Landstalker* te sonará mucho: mazmorras, pueblos y un supramundo que explorar lleno de secretos.

Captura de *Landstalker* en la que apreciamos su estilo visual.

Por supuesto, el juego estaba repleto de rompecabezas que reque-
rían intelecto y habilidad, a veces a partes iguales. Desde mover bloques para llegar a lugares más elevados, hasta saltos imposibles para
pulsar interruptores, pasando por mapas intrincados con múltiples
trampas y puertas bloqueadas por cerraduras cuyas llaves había que
encontrar.

Es cierto que su ambientación era más fantástica, lo que se nota
sobre todo en los monstruos, pero los combates también marcaron las
pautas que luego seguiría *Alundra*. Me refiero a que eran parte vital
de la experiencia, de manera que los monstruos suponían un incordio
incluso fuera de la acción, en las plataformas o en los rompecabezas.
Asimismo, los jefes finales eran abundantes y carismáticos.

Otros elementos fácilmente reconocibles en *Landstalker* son aquellos que hacen referencia al género RPG. Por ejemplo, los objetos para
aumentar la cantidad de vida. También la presentación de un mundo
en el que siempre es posible volver atrás. A veces incluso era obliga-

torio. Por otra parte, el juego tenía una curva de dificultad ascendente muy brillante, con un héroe cada vez más capacitado para los peligros a los que se enfrentaba. Sin olvidar las misiones secundarias, siempre con premios interesantes para el jugador.

En definitiva, si nunca has jugado a *Landstalker* y eres fan de *Alundra*, no lo dudes ni un instante, ya que es bastante accesible a día de hoy. Sin ir más lejos, lo tienes disponible en Mega Drive Mini y en el recopilatorio *Sega Mega Drive Classics* para PS4, Xbox One, Nintendo Switch y PC. En Steam, además, puedes comprarlo por separado por menos de un euro.

DARK SAVIOR, LA PRIMERA «SECUELA»

Antes he contado que *Alundra* es, en parte, una secuela espiritual de *Landstalker*. Y eso es así porque comparten muchos elementos, además de gran parte del equipo. Sin embargo, *Landstalker* es un juego de Climax, el mismo estudio japonés que desarrolló su propia secuela espiritual antes del lanzamiento de *Alundra*. Fue en 1996 (aquí en 1997), momento en que un tal *Dark Savior* llegó a Sega Saturn.

Es cierto que *Landstalker* y *Dark Savior* no comparten ni protagonista ni argumento. Incluso podemos decir que las estructuras jugables de ambos títulos son distintas. Pero el juego de Saturn sí supuso una continuidad en muchos aspectos, empezando por la vista isomé-

trica y terminando por las plataformas y los rompecabezas. No así el sistema de combates. De hecho, cada enfrentamiento en el juego se convierte en una especie de juego de lucha en 2D. Hasta el punto de que esas secciones están completamente separadas del resto del juego.

Captura de *Dark Savior* en la que vemos su particular sistema de combate.

A pesar de las diferencias, era importante incluir el juego en este libro. En primer lugar, hay muy pocos juegos fuera de la saga The Legend of Zelda que apuesten por estructuras de este tipo con buenos resultados. Y en segundo lugar, fueron justamente los elementos que más se alejaron de *Landstalker* los que se criticaron de *Dark Savior*. Justamente los motivos principales por los que *Alundra* funcionó y se consideró la auténtica secuela espiritual del juego de Mega Drive.

Asimismo, *Dark Savior* es muy importante a nivel histórico. Realmente fue uno de los primeros títulos de ese estilo en jugar realmente con las 3D, antes que *Ocarina of Time*. El juego era compatible con el mando analógico de Saturn. De esa forma, el jugador podía controlar al mismo tiempo el personaje y la cámara. Además, todo se movía a una velocidad muy notable para la época.

En conclusión, debes saber que *Dark Savior* es un excelente juego que también presenta una historia interesante con diferentes finales según tus acciones. Además, es un título ideal para que los amantes de los títulos de acción se acerquen al género RPG. Exactamente igual que con *Landstalker* y *Alundra*. Lamentablemente, solo está disponible en Saturn y no es fácil de encontrar.

ENTREVISTA A LOS DESARROLLADORES

Hablar de las mentes detrás de *Alundra* está bien. Pero poder conocer cómo piensan es mucho mejor. Por eso, he trasladado aquí un pequeño resumen de la entrevista que cuatro de los desarrolladores del juego dieron en Japón a finales de 1997, con motivo del lanzamiento. Parte de esa entrevista se incluyó en la guía de estrategia oficial, pero algunas declaraciones que no se incluyen en el libro fueron traducidas por Jayson Young y han sido recogidas en el portal *shmuplations*. En la entrevista participaron el director del juego, Yasuhiro Ohori, el diseñador Yoshitaka Tamaki, el guionista Ichirou Tezuka y el compositor Kohei Tanaka.

De entrada, Ohori fue el que reveló que el proyecto empezó justo antes del lanzamiento de PlayStation. Sucedió gracias a una reunión con un equipo de personas que habían trabajado en *Landstalker* y las cuales querían hacer un juego de rol de acción muy profundo. También fue Ohori el que hizo una reflexión brillante. Dijo que en *Alundra* no sería el personaje el que acumularía experiencia, sino el jugador. Según él, al final de la aventura, incluso un jugador torpe habría mejorado enormemente.

Con respecto a la música, Tanaka habló de las inspiraciones para crear la banda sonora de *Alundra*. Este aseguró que rápidamente le vinieron a la cabeza bandas como Enigma y Deep Forest. Asimismo, también habló de la importancia de fusionar en un mismo concepto los efectos de sonido y la música, así como de la importancia de crear melodías largas. Tanaka dijo que, como jugador, no le gustaba que en un RPG las melodías cambiaran con cada escena. Pero también creía que, para mantener una misma melodía durante mucho rato en un escenario, era necesario que esta no fuera repetitiva.

Otro detalle interesante sobre la banda sonora es que, según Tanaka, la melodía de las pesadillas fue compuesta de manera bitonal. Eso significa que, en realidad, hay dos melodías con tiempos diferentes que se van intercalando. El resultado es brillante.

En cuanto a los temas profundos que toca la historia de *Alundra*, Tezuka confirmó que todo empezó cuando le aceptaron la propuesta de ambientar el juego en una aldea y el mundo de los sueños. Según comenta, la mejor forma de hacer que los aldeanos quisieran llegar al fondo de esa cuestión era utilizando una razón tan persuasiva como el impulso humano de creer en algo. A partir de ahí, se utilizaron recursos relacionados con los miedos que se suelen asociar a la religión. Recursos como la muerte o la traición.

Con respecto a la dificultad del juego, Tanaka confesó que, en un principio, cuando él mismo lo probó, pensó que se equivocaban. Pero se mantuvieron firmes al darse cuenta de que era todo lo contrario. Para ellos, resolver ese reto, tardando más o menos, provocaba una sensación de superación muy satisfactoria. A pesar de todo, Tanaka confesó tener miedo de que la gente no pensara lo mismo. Al final, su riesgo tuvo recompensa.

Cambiando de tercio, ¿te has preguntado alguna vez por qué eligieron las 2D en plena revolución de los polígonos? Según Ohori, con el uso de polígonos nunca habrían podido transmitir esa idea de que lo más importante en un videojuego es la jugabilidad. La idea de que realmente logras algo cuando superas un reto.

Ohori contó que los programadores se enfadaban con él por no permitirles usar polígonos. Pero él insistió en que debían conseguir que cada píxel fuera único. Ohori quería que los jugadores notaran que realmente estaban intercambiando golpes con un enemigo. Se trataba de ser meticulosos, aseguró.

Por último, Tamaki habló del diseño de los personajes. Y una de sus mayores inspiraciones fue *Street Fighter II*. Tamaki puso como ejemplo el título de Capcom para explicar que de nada sirve la jugabilidad si luego los personajes son aburridos o no tienen personalidad. En definitiva, pequeños detalles que explican un poco mejor la obra maestra en la que se convirtió *Alundra*.

4.

EN BUSCA
DE LA
IDENTIDAD

 lo largo de los últimos veinticinco años habrás escuchado y leído en múltiples ocasiones aquello de que la sombra de *The Legend of Zelda* ha perseguido siempre a *Alundra*. Y en parte, así es. Las propias ventas del juego se vieron afectadas por algunas críticas que hablaron de él como de un clon. Aunque también fueron muchos los medios que destacaron que el título de PlayStation tenía identidad propia.

Lo cierto es que esa sensación ha ido creciendo con el tiempo gracias a los fans, que han sabido apreciar cada uno de los elementos que lo permiten. Todos ellos forman parte de la verdadera esencia del juego y, en algunos casos, también vinieron dados por las posibilidades que brindaba una época de transición en la industria. Ahora toca repasarlos.

PERFECCIONANDO EL PÍXEL

Uno de los elementos que hacen que *Alundra* siga siendo único es su apartado visual. Consolas como Super Nintendo ya habían demostrado que era posible hacer juegos visualmente impactantes usando solo píxeles. Y con un gran uso del color. Además, en una era en la que los polígonos se estaban imponiendo, podía ser buena idea llevar esos estilos visuales al límite en vez de dar el salto.

Y eso es precisamente lo que hizo Matrix Software con *Alundra*. Gracias a la nueva generación, los personajes podían ser mucho más detallados, incluso si eran secundarios. Por su parte, los escenarios podían ser más profundos e introducir efectos impensables en el pasado. Asimismo, las animaciones podían ser más realistas y variadas. Aunque de nada habría servido todo eso sin la posibilidad de aplicar mejoras tecnológicas.

Es ahí donde entraron en juego aspectos tan simples como una mayor profundidad en las perspectivas sin necesidad de usar ese «3D isométrico». En otras palabras, los escenarios ofrecían más capas para las plataformas, la resolución de rompecabezas o la exploración. Todo sin renunciar a una estética tradicional. Por supuesto, apostar por ese estilo gráfico también implicaba evitar todos los problemas que sufrieron los juegos de esa época inicial de los polígonos. Tanto visuales como de rendimiento.

Gracias a todo lo expuesto, *Alundra* se sigue viendo igual de bien a día de hoy, incluso si no te gustan los píxeles. Además, como ya no se hacían juegos así en la época, fue de los pocos que explotaron esas facetas tecnológicas de nueva generación con el estilo tradicional. Hoy en día eso está muy bien cubierto por los juegos independientes, por cierto.

Pero no es oro todo lo que reluce. Hoy en día, todo lo que podamos decir del apartado visual de *Alundra* es positivo. Pero en la época no fue así. Muchos estaban fascinados con los gráficos que podían conseguirse con las 3D. Y justamente por eso, se criticaron muchos juegos por el simple hecho de no aprovecharlo.

Captura de *Wild Arms*, uno de los muchos juegos que fueron criticados por ser en 2D.

Tanto esa concepción del momento como algunas críticas hicieron que muchos de esos títulos no vendieran especialmente bien. Algunos incluso fueron vapuleados por los medios. Lamentablemente, eso se tradujo en tiradas limitadas. Algunos han alcanzado precios astronómicos en el mercado de segunda mano. Ejemplos los hay a porrones: *Suikoden*, *Suikoden II*, *Wild Arms*, *Castlevania: Symphony of the Night*, *Vandal Hearts*, *Mega Man X4* o incluso el mítico *Astal* de Sega Saturn. La gran mayoría de ellos, por cierto, considerados de culto a día de hoy.

LA DIFICULTAD

El tema de la dificultad siempre es peliagudo. Pero no estoy aquí para generar debate, sino para contarte que la dificultad puede ser un elemento distintivo de un juego. Y gracias a la llamada *dificultad souls*, hoy en día es muy fácil explicarlo. Simplemente, *Alundra* es uno de esos juegos que no podría ser el mismo si la dificultad se hubiera enfocado de otra forma.

En otras palabras, es un elemento indispensable para que el conjunto funcione. Si se quita de la ecuación, no hay resolución posible. Simplemente, la forma de enfocar la dificultad en los Zelda clásicos y en el juego de PlayStation no es la misma. Pero no hay una forma mejor que la otra; sencillamente ofrecen propuestas diferentes.

En *Alundra*, esa dificultad no es solo intelectual, por la resolución de rompecabezas o por la habilidad necesaria para progresar (trampas, saltos, enemigos…), sino que también procura que el jugador cambie el chip para interpretar la forma que tiene el juego de proponernos retos. Retos que encontramos a cada paso, casi literalmente.

De la misma forma, el juego obliga constantemente al jugador a descubrir nuevos mecanismos en los que pensar para continuar con ese chip. Por lo

Captura de uno de los rompecabezas más recordados de *Alundra*.

tanto, no se trata de retos que se van complicando en base a un mismo sistema, sino de presentar nuevos mecanismos constantemente. Igualmente, el juego presenta una curva de dificultad ascendente que hace sentir al jugador que evoluciona. No a través de subir niveles, como decía el propio director, sino a través de las experiencias que vive. De todas formas, el juego tampoco renuncia a sumar nuevas herramientas que se van acumulando y hacen que cada mazmorra sea más compleja que la anterior.

Por último, *Alundra* no basa su dificultad en la memorización de un mapa con multitud de rutas bloqueadas por puertas cerradas con llave. Pero tampoco renuncia a ello. Por lo tanto, mantiene esos elementos tan propios de Zelda, como la construcción del mapa (que aquí es mental) o el *backtracking*, pero intenta que cuando el jugador quede atascado sea más bien por un reto intelectual que sabe perfectamente dónde está; solo que no sabe cómo resolverlo. Una última reflexión: que la dificultad de un juego no esté supeditada a la posibilidad de morir o a la repetición, también es brillante. Y más inteligente.

LA NARRATIVA

Ahora tengo que volver al discurso de que hay señas de identidad que no se traducen en algo mejor o peor, sino en algo distinto. Por eso, no es tan importante si la historia es buena o mala, sino más bien cómo quieres contarla. Y el mayor logro de *Alundra* en ese sentido es la capacidad que tiene a la hora de ofrecer una historia intrigante, profunda y bien escrita. E incluso así, la jugabilidad sigue siendo el elemento más importante.

Soy el primero al que le fascina la historia de *A Link to the Past*. Pero lo hace sobre todo por su mundo, sus personajes o todo aquello que pretende contar. Pero si el juego es una obra maestra, es porque esa historia nunca corta el ritmo de la jugabilidad, donde el título destaca por encima del resto. Y que *Alundra* vaya un paso más allá en ese sentido es, justamente, lo que para mí le da un valor añadido; otra seña de identidad.

Básicamente, combina esa jugabilidad perfecta de los mejores Zelda de la era clásica, con los argumentos profundos de un Final Fantasy de la época de PlayStation. Para conseguirlo hace concesiones, pero consigue un equilibrio prácticamente perfecto. Ser excelso en historia y en jugabilidad al mismo tiempo es harto complicado. En resumen, cuando uno vuelve a *Alundra* lo hace por ambas cosas. Con otros muchos juegos, suele ser solo por una.

LOS SUEÑOS

Otro elemento diferenciador de *Alundra* es el tema de las pesadillas. Un elemento del juego tan importante a nivel argumental como a nivel jugable. Aunque ahora me centraré en lo segundo. Como bien sabes, los juegos de este estilo suelen ofrecer pueblos, mazmorras y el supramundo que conecta ambas cosas. *Alundra* no es una excepción, pero aprovecha las pesadillas para crear nuevas reglas.

Cuando Alundra se introduce en los sueños de los demás, el jugador puede acceder a mazmorras completamente únicas y muy diferentes a las del mundo «real». Y no es solo una cuestión de ambientación, sino que también amplía enormemente la duración del título y el tamaño de su mundo. Y lo hace sin recurrir a la repetitividad de situaciones o elementos jugables. Por ejemplo, con el uso de elementos más surrealistas que tendrían menos sentido de otra forma. El caso es que, a nivel de rompecabezas, eso permite introducir mecanismos y situaciones extremadamente originales que, además, se explican argumentalmente por el carácter del personaje que está soñando.

Por ejemplo, nada tiene que ver la pesadilla de Elene, que tiene personalidad múltiple y cuatro sueños interconectados, con el sueño de Nestus y Bergus, donde el concepto de los hermanos mellizos se traslada de una forma sumamente inteligente y satisfactoria.

LA MOVILIDAD

Más adelante saldrán, de una u otra forma, más elementos identitarios del juego. Pero he pensado que podía terminar este capítulo aunando todas aquellas características que hacen referencia a la movilidad del personaje. Porque resolver acertijos, derrotar enemigos o saltar no sería divertido si el diseño no estuviera a la altura o el personaje no respondiera bien a las acciones del jugador.

Por supuesto, a nivel de jugabilidad todas las piezas encajan a la perfección. Pero hay tres elementos que hacen de *Alundra* un juego más divertido y satisfactorio gracias a la forma de enfocar la movilidad. Voy a hablaros de las plataformas, de las trampas y de la agilidad.

De entrada, está claro que las plataformas son un elemento que se usa en prácticamente todos los juegos. Sin embargo, fuera del propio género en sí, no suelen aplicarse de una forma que sobresalgan con respecto al resto de virtudes de un juego.

Alundra, en cambio, no se entendería sin los saltos. No son una excusa para invitarnos a hacer algo distinto; son esenciales para avanzar, para esquivar, para escalar o incluso para resolver rompecabezas. Pero sobre todo son divertidos. Están medidos al milímetro y son retantes. De hecho, ni son automáticos ni son un complemento. Es como comparar los primeros Tomb Raider con los actuales. Simplemente son diferentes. Y la forma de aplicar los saltos no es ni mejor ni peor, sino una forma de entender el juego.

En cuanto a las trampas, es otro elemento diferenciador de *Alundra* que me encanta. No hay mazmorra que no introduzca nuevos peligros más allá de los enemigos en sí. Al final, el juego te obliga a estar en constante movimiento, sea corriendo, derrapando o saltando, para evitar todo tipo de peligros. Siempre a un ritmo endiablado. Y cuando parece que los rompecabezas pondrán algo de pausa, las trampas pueden volver a tu vida para «alegrarte» el día.

Y ahí es donde entra en juego el último factor: la agilidad. La verdad es que Alundra responde a las mil maravillas a nuestras órdenes. Y las animaciones hacen el resto. Es todo muy fluido, preciso y plástico. Y acciones como correr o saltar en diagonal también ayudan. Si fallamos, sabemos que es un error nuestro. Pero fallar no penaliza, sino que te empuja a mejorar. Y eso también es posible gracias a unos tiempos de carga prácticamente nulos. Por último, el sistema de derrapes del juego es exquisito. Si logras dominarlo, es una gozada.

Este consiste en la posibilidad de cambiar de dirección en mitad de una carrera sin llegar a detenerse del todo. De esa forma, evitas la animación de empezar a correr. Si se hace bien, es posible derrapar de forma infinita con una precisión abrumadora, incluso en espacios reducidos. En realidad, basta con dejar de apretar el botón de la dirección durante un momento para luego cambiar la dirección sin dejar de pulsar el botón de correr. En definitiva, jugar mejor dependerá de ti, pero siempre tendrás todas las herramientas a tu disposición para sentirte poderoso.

5.

LUCES
Y SOMBRAS
DE TORLA

l mundo en el que transcurre *Alundra* es un mundo de luz y oscuridad. Pero esa dualidad, tratada a través de temas profundos como la fe, la muerte o la capacidad del ser humano de crear y destruir, también se encuentra en su capacidad para presentar un mundo creíble, realista y al mismo tiempo fantasioso.

El juego transcurre en las tierras de Torla, que en realidad también es el nombre de la ciudad conocida como Ciudad Capital en el juego. Aunque siempre queda claro que hay mundo más allá de esas tierras. De entrada, el propio Alundra realiza un largo viaje para llegar ahí. Y aunque el juego nunca lo menciona, en la guía oficial se dice que Alundra procede de una pequeña isla del mar Caria, muy al sur del continente.

En cuanto a Torla, la guía no se pone de acuerdo en si está al extremo este o al extremo oeste de Inoa. Pero eso deja claro que el pueblo está bastante alejado de la gran ciudad. Según la guía, Torla es la capital de un reino llamado Soldia, que es un país muy grande que controla el continente de Elicenta y el cual está gobernado por el rey Quardis. Aunque su nombre nunca aparece en el juego.

Por su parte, Septimus revela que Alundra pertenece al clan de los Elna, que es una raza que puede introducirse en los sueños de los demás. En efecto, el mismo clan de Meia. Pero realmente no se sabe nada más de ellos. De hecho, el único pasado que se muestra en el juego es todo lo relacionado con Meia y su madre. Se desconoce dónde vivían, pero está claro que ambas sabían de la existencia de Melzas, que realmente está confinado en el lago de Torla. De todas formas, los elementos fantasiosos de *Alundra* no sorprenden excesivamente a ninguno de los personajes de su mundo. Ni la capacidad de Alundra, ni los monstruos que campan a sus anchas, ni la presencia de un demonio que provoca pesadillas. Lo ven como algo normal porque es algo normal en ese mundo.

Asimismo, esa dualidad de la que hablaba también se puede aplicar a la propia época en la que transcurre el juego. Es algo así como una época actual, pero con reminiscencias de la era medieval. No es solo así por cuestiones como los reyes, o por la importancia de la religión en esas tierras y sus leyes, sino también por el diseño de los personajes o la forma en la que viven.

En el juego queda claro que Inoa vive muy alejada del resto de poblaciones. Y aunque no se sabe si el resto del mundo también es tan «medieval», el *lore* de Elicenta así parece confirmarlo. Además, en un momento del juego Meade revela que él y su familia se han intentado mudar a Ciudad Capital sin éxito porque la gente de esa ciudad temía que la maldición de Inoa se trasladara con sus habitantes. Sin olvidar las torturas a las que se vieron sometidos aquellos que desafiaron la ley. Como la madre de Meia, quemada viva.

En otras palabras, no parece ser que las creencias de la gente de Inoa sean solo por ese aislamiento social, sino que más bien estarían arraigadas en la sociedad en general. En cualquier caso, ese aislamiento y la dualidad entre lo antiguo y lo actual, también permiten que el argumento brille con más fuerza. Por ejemplo, muestra a la gente de Inoa más vulnerable. Nadie puede ayudarlos y solamente pueden defenderse con las creencias que tienen. Eso permite potenciar aún más los personajes secundarios. Parecen personas reales, con sus mismos problemas, pero con ese toque de fantasía que tanto gusta a los amantes del género RPG.

Como curiosidad, debes saber que la guía oficial también expande un poco el *lore* de Inoa. Habla de la guerra entre los reinos de Soldia y Gayles, en la que Inoa fue fundamental al servir como base de operaciones. Gracias a eso, Soldia consiguió ganar el control del continente. Y poco después se volvió un pueblo pacífico. El resto ya lo sabes: el Rey Snow destruyó los ídolos y la gente de Inoa empezó a tener dificultades para rezar. Luego Melzas enfureció y les arrebató la capacidad de crear.

En cuanto a los elementos fantásticos, me encanta que *Alundra* no tenga que recurrir únicamente a los tópicos. Hay orcos, dragones y demonios, pero utiliza el mundo de los sueños para seguir ofreciendo esa dualidad entre lo real y el miedo a lo desconocido. Porque aunque en la vida real los sueños no pueden matar, sí pueden atormentar. Y, por supuesto, también pueden ser un reflejo de la mente humana.

El juego también trata muy bien el tema de los miedos que todo ser humano tiene. Y por supuesto, el tema de la fe. O mejor dicho, la necesidad de creer en algo, no necesariamente desde un punto de vista religioso. Tampoco tiene problemas en hablar de la forma en la que las personas gestionan los problemas y los miedos. Por ejemplo, presenta a un personaje alcohólico con una hija que tiene personalidad múltiple. O cuenta el trauma de un padre que ha perdido a su hijo cuando era muy pequeño, así como la forma en la que ese padre lo transforma en amor hacia otra persona: en ese caso, Alundra.

Alundra está lleno de mensajes. En ocasiones, al estilo de Tetsuya Nomura con Kingdom Hearts. Habla de la luz y la oscuridad de nuestro interior. Y creo que es excepcional que en un videojuego el villano no sea solo un personaje, sino que represente la maldad del ser humano. O las consecuencias de sus actos. *Alundra* también habla de cómo la humanidad es capaz de las mejores obras, pero también de los actos más atroces. Y por supuesto, también es una historia de amor. De cómo los pensamientos pueden repercutir positivamente en los demás.

Por último, más allá de la carga emotiva y los mensajes, el mundo de *Alundra* es apasionante por sí solo. En nuestra aventura visitamos ruinas antiguas, nos perdemos por desiertos, escalamos acantilados, exploramos criptas antiguas, sobrevivimos al calor extremo de un volcán y enloquecemos resolviendo rompecabezas en un enorme y bello palacio. Además, nos enfrentamos a peligros de todo tipo: reptiles gigantes, feroces dragones, demonios humanoides o gárgolas putrefactas. Y lo que es mejor: con una sola partida, recordamos toda nuestra vida cada uno de los pasos que hemos dado.

6.

DISEÑANDO
TU
LIBERTAD

a quedado claro que el mundo de *Alundra* es tan inmenso como apasionante. Pero una cosa es cómo se presenta en lo visual y en lo narrativo y otra cosa es cómo afecta a los mandos. Y en ese sentido, Matrix Software hizo un trabajo excepcional. La línea que separa la libertad de acción de la linealidad puede ser tan fina como los desarrolladores quieran. Pero hacer que el desarrollo del juego sea tan orgánico, encontrando un equilibrio perfecto entre ambas facetas, es muy complicado.

Alundra lo logra con creces, presentando un mundo enorme y coherente. Pero sobre todo lo consigue porque esa libertad siempre va de la mano del progreso. Es decir, que de forma orgánica, simplemente siguiendo la historia, se realiza el *backtracking*. O dicho de otro modo, prácticamente nunca parece que linealidad y libertad sean elementos distintos e independientes dentro de la estructura.

Por otra parte, a diferencia de los juegos con el llamado *estilo metroidvania*, el concepto de volver a un lugar conocido para acceder a nuevas zonas gracias al uso de nuevas habilidades y herramientas no es exactamente el *modus operandi* del juego. Generalmente, cada nueva aventura es siempre en un lugar nuevo. Y esa parte del supramundo a explorar para llegar ahí, también es nueva. Y si se pasa por un lugar conocido, es para llegar a un destino nuevo. A veces, el propio escenario cambia por sí solo por la propia trama.

Todo eso se traduce en que el juego aplica todo lo positivo de ese estilo de juego, desmarcándose bastante de lo negativo. Por ejemplo, de la repetitividad, o de la sensación de que nunca estás jugando en una fase nueva. Olvídate de sentir que das vueltas sin parar. Y lo mismo ocurre con las ventajas de los juegos totalmente lineales. Al presentar una narrativa constante y nuevas zonas a cada paso, nunca se tiene la sensación de perder el hilo.

En definitiva, esas mecánicas de conseguir nuevas habilidades para llegar a zonas antes inaccesibles están siempre supeditadas a una sensación constante de progreso en *Alundra*. Simplemente, el jugador recibe nuevas herramientas que le ofrecen una jugabilidad más profunda al mismo tiempo que encuentra menos impedimentos en el mapa.

De todas formas, eso no significa que el jugador no tenga la libertad absoluta de ir a donde quiera cuando quiera. De hecho, otra de las ventajas de *Alundra* es que, más allá de las pesadillas, a las que no se puede regresar por cuestiones argumentales, es posible volver a cualquier lugar ya visitado y completado. Con algunas excepciones, eso sí, como por ejemplo la Cripta de Lars.

Y lo mismo en el mapa principal. Se puede explorar libremente desde el primer momento en que el jugador sale de Inoa. Otra historia es que haya enemigos más poderosos o lugares realmente bloqueados hasta que avance la historia, o hasta que el jugador consiga ciertas armas o herramientas.

Por último, destacar las aventuras secundarias y minijuegos en cuanto a esa sensación de libertad. Aparte de ofrecer esa libertad, están ligados al argumento de forma brillante. Por ejemplo, el casino y la tienda de Merrick tienen que ver con el naufragio de los Klark. Por si fuera poco, la calidad de alguna de esas secundarias es indiscutible. Como la mazmorra del estanque, con un concepto jugable único que no existe en el resto del juego y grandes revelaciones para la trama.

7

SINESTESIA
MUSICAL

n la vida hay muchos fenómenos apasionantes. Pero los más curiosos y misteriosos son los que se producen dentro de la mente, a través de los sentidos. ¿Sabes lo que es la sinestesia musical? En resumen, es un fenómeno que se produce cuando alguien asocia un sonido, una nota o una melodía con sensaciones procedentes de otro sentido que no es el oído. Por ejemplo, asociando una melodía a un color, a un olor, a un paisaje o a un objeto.

Y sinceramente, creo que no hay mejor forma de explicar cómo es la banda sonora de *Alundra* que haciendo referencia a esa sinestesia, incluso aunque sea de un modo metafórico. Te propongo un ejercicio. Piensa que eres Kohei Tanaka. ¿Cómo lo harías para que los demás vieran paisajes, colores y sintieran olores al escuchar tu música? El caso es que, incluso si no fue su intención, el compositor consiguió transmitir todo lo que veíamos en pantalla. En muchas ocasiones, simplemente transmitió sentimientos.

¿Y TÚ QUÉ SIENTES?

El tema principal de *Alundra* que da lugar a la introducción japonesa, que es la introducción secundaria de nuestra versión, transmite muchas cosas en pocos segundos. Hay una parte onírica, otra muy épica y aventurera e incluso hay momentos de intriga y acción pura. Todos ellos, elementos que definen el juego en poco más de dos minutos.

Por su parte, el tema que suena en Inoa es alegre y divertido, lo cual me transmite una sensación de paz cada vez que vuelvo de una mazmorra y sé que me está esperando Jess. Incluso cuando las cosas van mal, puedo ver el color verde de la esperanza reflejado en las ganas de vivir de los habitantes de Inoa.

También transmite muchísimo la melodía «The Wind that Shook the Earth», que suena cuando deambulamos por el mapa del mundo. Incluso me atrevo a decir que a todos los jugadores les transmite exactamente lo mismo: libertad y heroísmo. Nos ponemos a cien de adrenalina. Por su parte, «The House of Taran», que no solo suena en la Casa de Tarn, transmite intriga, misterio e incluso respeto y tensión. Punto y aparte para la melodía «Nightmare», que como su propio nombre indica, es aquella utilizada para las pesadillas. Desde luego, es una melodía onírica, fantasmagórica y que transmite la sensación de que hay algo maligno en el interior de cada uno.

Por otra parte, sería un crimen no hablar de «Requiem». Cuando muere alguien en una película o en un videojuego, es muy importante utilizar una melodía memorable. Que sea melancólica, que emocione y que transmita la sensación de pérdida e impotencia. Y escasean aquellas que casi te hacen llorar la totalidad de las veces que las escuchas. Temas como el de Aeris en *Final Fantasy VII*, «Enclosure» de *Metal Gear Solid* con la muerte de Sniper Wolf o el «Theme of Sadness» para las desgracias ocurridas en *Suikoden*. «Requiem», de *Alundra*, tiene mucho mérito; suena decenas de veces y nunca pierde el impacto.

«Dungeon», en cambio, me transmite la sensación de estar perdido. De estar en un laberinto y en constante peligro. «Murgg Village» tiene un tono gamberro, inquieto y escurridizo, como los propios monos a los que hace referencia. «Ra's Underground Hideout» transmite soledad, solemnidad, paz interior y descanso. Memorable mazmorra la cripta de Lars, por cierto. «Desert», por su parte, me hace sentir abandonado, perdido y desesperado. Muy diferente es «Dream a Dream», que me hace sentir inquieto y desconcertado.

Tampoco es casual que el personaje de Kline tenga melodía propia para su particular pesadilla. Se trata de una melodía onírica, pero mucho más tranquila y relajada. Los primeros compases transmiten perfectamente la presencia de un lugar nevado y se nota que el propio Kline es un personaje mucho más seguro de sí mismo que el resto de habitantes de Inoa.

«The Lizardman's Lair» me traslada en cuestión de segundos a un lugar subterráneo. Aunque también podría ser una cueva. Casi puedo sentir y oler la humedad. «The Use of Meia» quiere dejar claro que no estoy en una pesadilla sino en un sueño. Transmite la bondad de una niña, pero también la tristeza de una dura realidad. En cambio, «Nirude the Forgotten God» quiere mostrarme que el último superviviente de los Gazeck ya no es lo que era. Incluso puedo visualizar un lugar antiguo y olvidado. Y «Miming the Insignificant Leader» transmite lo graciosos y diminutos que son los enanos que protegen al antiguo dios.

También resulta espectacular la forma en la que «Underwater» me hace sentir el peso del agua, prácticamente como si estuviera en las profundidades del estanque. También la dificultad para respirar. En el lado opuesto, «The Fire Mountain Torla» casi me hace sudar con el calor insoportable del volcán. El color rojo es fácilmente identificable si cierro los ojos, de la misma forma que puedo visualizar las cenizas sobrevolando mi cabeza.

Y no sé a ti, pero a mí «The Child's Dream» me transmite el calor de la hermandad y la tranquilidad de dormir al lado de un ser querido. Todo lo contrario que «Ronin, the Priest Gone Astray», que permite visualizar la maldad interior del ser humano. Como si sintiera que mi alma se ha podrido por dentro.

Excelsa es la melodía de «The Shrine of the Lake», que no solo me evoca a la soledad ante el peligro, sino que también transmite una gran sensación de determinación. De obtener un último impulso para superar cualquier peligro. «The Black Angel Come Forth» quiere que sienta la presión de salir con vida de un enfrentamiento. Pero al mismo tiempo, quiere darme el impulso para combatir sin miedo. Y cuando el juego quiere subir de intensidad, entonces utiliza «The One who Hates Man».

Con «The Wrath of God», el juego pretende que sienta miedo. Un miedo que se convierte en terror por lo desconocido cuando escucho «Melzas, the Combined God». Aunque a veces parece que todo ha sido solo un cuento cuando escucho «Reflecting». Y cuando el cuento termina, escucho «Ending», que me regala esa espléndida sensación de superación. Melodía a la que Working Designs le añadió algo de letra en inglés, por cierto.

Y qué deleite para los oídos con «Tears» y la orquestación de todos los momentos vividos a base de melodías que ya conozco. De la música roquera para la intro que realizó Working Designs para Estados Unidos y Europa (que no fue compuesta por Tanaka), podría hablar largo y tendido. Pero la palabra es motivación. Tú también lo sientes, ¿verdad? Un último detalle que quizá te sorprenda: la melodía del santuario de Ronan no está incluida en la banda sonora oficial. Aunque es preciosa. Por supuesto, me resulta fácil visualizar una iglesia cuando la escucho.

FUSIÓN DE CONCEPTOS

Como ya sabes, Kohei Tanaka habló de la importancia de fusionar la música con los efectos de sonido. Y lo hizo realmente bien. *Alundra* tiene melodías que introducen efectos para obtener personalidad. Por ejemplo, gritos humanos en la melodía de Inoa, pequeños ruiditos que se escuchan en «Murgg Village», que parece que sean los propios monos saltando, o el grito de la chica atormentada cuando empieza a sonar «Nightmare». Incluso esos cánticos incomprensibles del principio de «The Fire Mountain Torla», que contribuyen a aumentar el misticismo de un lugar sagrado.

También es necesario mencionar los efectos de sonido en sí. Todos los juegos memorables tienen sonidos para recordar de por vida. Y es así porque este tipo de cosas se estudian. Hay personas que se dedican a hacerlo. Por ejemplo, el sonido cuando desbloqueamos un trofeo en PlayStation es reconfortante. De la misma forma que lo es el sonido que produce una moneda recogida en un juego de Mario, o aquel que se produce cuando nos movemos por el menú de un Resident Evil clásico. Lo sé, recordarlo también puede ser sinestésico.

Alundra tiene montones de sonidos reconfortantes y de los cuales nunca me canso. Desde el pequeño grito que hace el protagonista cuando recibe daño, hasta el sonido de una explosión, pasando por el que hacen los enemigos al ser derrotados, los que producen un cofre o una puerta al abrirse o el ruido de una caja al romperse.

Todo eso sin olvidar los pasos de Alundra por encima de una zona inundada, el ruido de las hierbas cortadas, de una moneda recogida, de la salud recuperada… Incluso el sonido de los mecanismos al activarse es diferente en función de su naturaleza, exactamente igual que con las trampas o los enemigos. ¿Y has probado a correr o a derrapar? Absolutamente todo tiene su propio sonido de calidad. En *Alundra* no hay voces, pero no hacen falta; sin ellas, la ambientación es mejor.

8.

EL JUEGO
EN TUS
MANOS

omo amante del retro, siempre he sido un firme defensor de que cada uno disfrute de los títulos de antaño de la forma que quiera y pueda. Lo importante es seguir ampliando los conocimientos sobre aquello que tanto te gusta y enriquecerte de diferentes juegos, estilos y épocas. No importa si juegas con el título y la consola originales, si lo haces con una consola mini de las que se llevan ahora, con un *port* para una máquina posterior, a través de un *remaster* o incluso con un *remake*. Tampoco es obligatorio usar una televisión de tubo o descartar el emulador. Lo importante es jugar.

Ahora bien. Todo eso no es incompatible con la satisfacción que se puede alcanzar al reproducir, de la forma más fiel posible, la experiencia original. Y eso no solo pasa por tener en cuenta qué versión jugar, las diferencias entre ellas o la tecnología que se puede usar para jugar; también pasa por tener algo tangible en las manos. Porque, de la misma forma que me gusta tener un libro o una revista en mis manos para leer, me gusta abrir la caja de un juego, introducir el CD o el cartucho en la consola y utilizar el *hardware* original.

PORTADA Y CONTRAPORTADA

Por eso propongo hacerle un pequeño homenaje al juego en sí. El que seguramente tienes en tu estantería. Quizá ahora mismo lo tengas en tus manos. Si esa versión es la «PAL SLES 01258», enhorabuena. Tienes delante una de las portadas más bonitas del catálogo de PlayStation. De entrada, esa especie de nebulosa onírica de color azul es

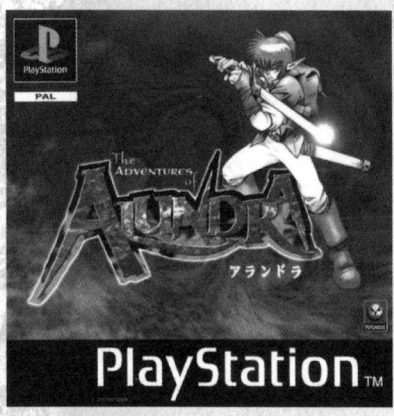

Portada de *Alundra* en su versión europea.

preciosa. Y con Alundra en posición de combate, queda claro que el héroe es el caminante de los sueños, tal y como nos indican en la contraportada.

La portada también permite disfrutar del diseño anime de Alundra, que es verdaderamente precioso. El mismo que se utilizó para las escenas animadas y algunas ilustraciones de arte. También queda especialmente bien el texto con el título del juego. Las letras gigantes de ese «Alundra» parecen estar dentro de otra dimensión. Una dimensión sumida en las tinieblas.

Como curiosidad, está el tema del título auténtico del juego: *The Adventures of Alundra*. Para muchos es más como un antetítulo. Y

Contraportada de *Alundra* en su versión europea.

es difícil encontrar a alguien que se refiera al juego de esa forma. Ni siquiera el título japonés, que aparece abajo en la portada europea, traduce ese «antetítulo». En esas cinco letras pone, simplemente, *Alundra*. Por supuesto, ver el logo de Psygnosis en la portada europea también resulta muy nostálgico, aunque solo se encargaron de la publicación.

En cuanto a la contraportada, de sus seis imágenes la mitad corresponden a escenas de la Ermita del Desierto. Y dos de ellas hacen referencia al mismo tipo de rompecabezas: el de las piezas en forma de sol, estrella, luna y gota de agua. También resulta precioso el arte de Alundra agachado con el arco que aparece ahí.

LAS SERIGRAFÍAS

La guinda del pastel en cuanto a curiosidades se encuentra en la versión norteamericana del juego. ¿O debería decir «versiones»? Esto es algo que no muchos saben, pero que resulta muy interesante. Me refiero a que, más allá de la versión estándar, hubo un total de ocho variantes para la versión física de *Alundra* en Estados Unidos. En total, había siete serigrafías diferentes para el CD. Cada una de ellas con un arte distinto. La octava variante tenía la misma serigrafía que una de las otras siete, pero con una portada para el juego ligeramente distinta. Por si fuera poco, había un total de seis diseños de arte diferentes para la zona transparente bajo el soporte del disco. Cada uno de esos artes ya estaban asociados a una de las variantes mencionadas.

En cuanto a las serigrafías, estaba la del enfrentamiento de Alundra con Wilda, la de las Ruinas Antiguas de Nirude, una en la que

Recorte de imágenes que muestra una de las variantes para la edición física americana (imagen: Jason Dvorak en Game-Rave).

aparecen Alundra y Meia, otra en la que aparecen varios personajes del juego, incluidos Lars y Cephas y tres variantes de una misma serigrafía pero con distintos personajes: Bonaire, Septimus y Kline; sea el que sea, siempre acompañado de Melzas.

Por último, en cuanto a esos diseños de arte de la zona de debajo del soporte para el disco, son verdaderamente espectaculares y bien podrían ser pósteres. Desde diseños inspirados en los combates contra algunos jefes (el dragón de Melzas, Nirude y Zorgia), pasando por un diseño en el que vemos a Alundra sentado en unas escaleras de Inoa junto a Talis y con Meia cerca. Sin olvidar el más extraño de todos: un arte del mapa del juego, pero como si estuviera hecho en 3D. Puedes verlos todos recopilados en el portal *Game-Rave*.

LAS INSTRUCCIONES

El manual del juego también es una pasada. De entrada, en el índice de contenidos se puede ver un arte maravilloso. Es Alundra en el momento de trasladar su cuerpo al sueño de otra persona. El mismo arte que luego se ve en pequeño, pero más detallado, en la página de antecedentes para la historia. Con algunas incongruencias, por cierto. Básicamente ese apartado cuenta que Alundra ya había usado su poder antes de viajar a Inoa. Sin embargo, en el juego es Septimus el que revela que pertenecemos al clan de los Elna. Y realmente es así también en la guía de estrategia oficial del juego.

Más adelante se encuentra un apartado con descripciones de los personajes y diseños de los mismos. Incluso revela detalles que en el juego no se exploran. Por ejemplo, que Giles y Kisha perdieron a sus padres en un accidente de jardinería. Puede que su fe empezara en ese trágico momento. También hay una sección en la que se detallan los controles, pero lo que llama realmente la atención es el hecho de que también se dan pistas sobre la mentalidad que tenemos que tener para resolver los rompecabezas.

Nada mal están tampoco las secciones de las armas o los artículos. En este último caso, es curioso ver cómo se utilizan nombres muy diferentes para ciertos objetos con respecto a cómo se conocen en la traducción del juego. Es el caso de los cántaros pequeños, que se llaman aquí gotas de vida, mientras que el propio «Cántaro de vida» aquí es llamado como «Crátera de vida». Además, la «semilla mágica» se llama aquí «escudo mágico». La guinda del pastel de las instrucciones la pone el apartado de los monstruos, con diseños chulísimos y una breve descripción de cada uno de ellos.

Comentar también que existe un segundo libro de instrucciones que fue exclusivo de la versión PAL UK. Se llama *Hints, Tips and Cheats* y, como su propio nombre indica, es una pequeña guía con sugerencias, consejos y trucos. Contiene una pequeña guía de estilo paso a paso que llega hasta la sección de la casa de Tarn. Como curiosidad, también contiene una página que se podía fotocopiar para conseguir un descuento de una libra esterlina en la compra de la guía completa de la revista oficial *PlayStation Tips Magazine* (Reino Unido).

Aquellos jugadores que tienen el título en su versión americana, por cierto, seguro que guardan con cariño las instrucciones. No solo venían a todo color, sino que eran mucho más completas que las instrucciones europeas. Para poner un solo ejemplo, en la sección de personajes sí aparecía el diseño de Zazán. Y había varias páginas con *artworks* preciosos.

Captura del libro exclusivo de la versión PAL UK, en la que podemos ver una imagen de Inoa al completo.

Captura del libro exclusivo de la versión PAL UK en la que vemos el folleto para fotocopiar y conseguir un descuento.

Por último, debes saber que llegó a estar a la venta una guía de estrategia oficial del juego. Primero salió en Japón, publicada por Kodansha Ltd. Y luego en Estados Unidos, publicada por Working Designs. Aunque nunca llegó aquí, a día de hoy se puede importar. Y solo por los diseños, ya vale la pena. La guía incluía cosas como *stickers* para la Memory Card, así como algunas declaraciones exclusivas de los desarrolladores. Aunque lo más interesante eran las curiosidades. Algo que trataré más adelante.

Imagen de la portada de la guía de estrategia oficial.

EL MÍTICO MAPA

La caja del juego también viene acompañada de un objeto muy preciado: el fabuloso mapa de *Alundra*. Uno de los lados es el mapa del mundo del juego en una versión reducida, mientras que el otro lado muestra el mapa completo del pueblo de Inoa, como si se viera desde el cielo a gran distancia. De esa forma, a través de unas flechas y unas viñetas, se nos explica quién vive en cada casa, junto a una descripción de ese personaje.

Ni falta hace decir que, en la versión PAL España, el mapa viene traducido al castellano, lo que le da mucho más valor. El caso es que, si intentas comprar *Alundra* en el mercado de segunda mano, pueden pasar dos cosas: una, que el juego completo con el mapa tenga un precio desorbitado; y dos, que la gran mayoría de juegos que encuentres vengan sin mapa y sean bastante caros igualmente. Además, los mapas por separado no abundan.

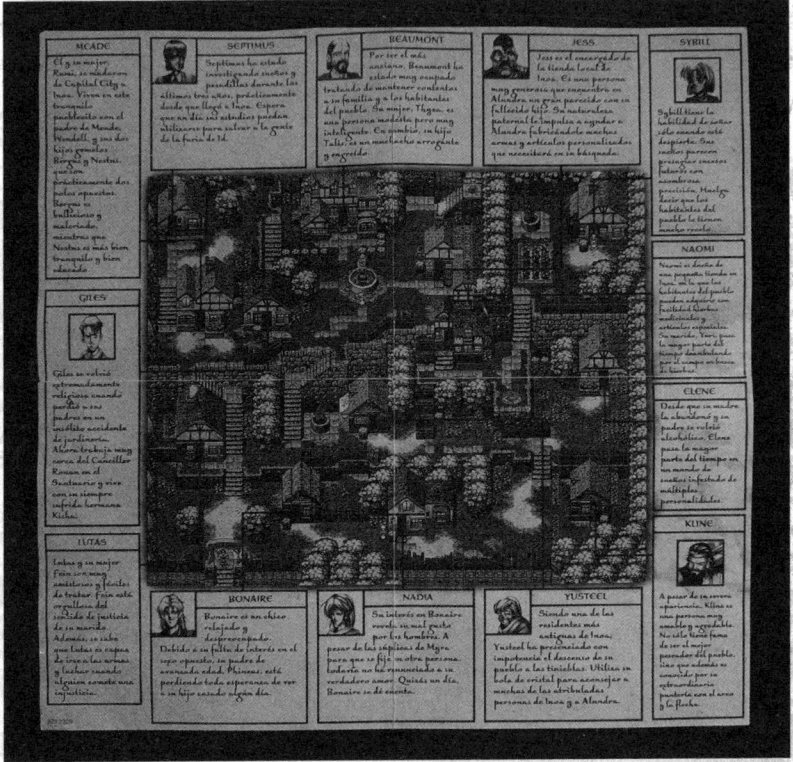

Fotografía de mi propio mapa de *Alundra*.

Es cierto que la versión americana del mapa era mucho más bonita, a todo color, pero lo cierto es que el mapa europeo tampoco es exactamente en blanco y negro, sino que utiliza diferentes tonos de marrón. De alguna forma, eso le da un toque retro bastante especial.

LA COTIZACIÓN ACTUAL

Actualmente, para comprar una copia de *Alundra* española, es necesario desembolsar una cantidad de al menos tres cifras. Los precios pueden ir desde los cien hasta los quinientos euros en función del estado de conservación, de si está completo o incluso de si está precintado. Aunque precintados en versión española puede que no quede ninguno o simplemente no estén a la venta. Y si aparece, el precio se dispararía.

Comprar las instrucciones por separado puede costar alrededor de cuarenta euros, mientras que encontrar el mapa por separado es prácticamente imposible. Lo que sí hay son reproducciones hechas por fans con una excelente calidad. Y aun así, cuestan entre diez y veinte euros. En cuanto a las versiones NTSC, los precios son muy parecidos, mientras que la guía oficial puede costar entre sesenta y ochenta euros. Aunque es posible comprarla precintada, lo que puede valer la pena por los *stickers*. Por supuesto, debes tener en cuenta que los precios pueden cambiar. Y en el caso de *Alundra*, por el número de copias globales en todo el mundo, seguirán subiendo.

OTRAS VERSIONES

Tener una copia de *Alundra* está muy bien. Pero siendo realista, son muchas las personas que se tendrán que conformar con encontrar otras vías para jugarlo. Emulación aparte, la única opción disponible a día de hoy es la versión clásica de PSone para PlayStation Store. Esa versión, que fue publicada por Sony junto a MonkeyPaw Games y a Gaijinworks (la compañía de Victor Ireland tras la disolución de Working Designs), solamente es accesible desde una PSP, una PS Vita o una PS3.

Lamentablemente, aunque las tiendas digitales de PS Vita y PS3 siguen activas (a saber hasta cuándo), el juego ya no aparece en la lista de clásicos, ni tampoco a través del sistema de búsqueda. Es algo muy extraño, ya que solo afecta a ciertos clásicos, siendo *Alundra* uno de ellos. Por lo tanto, solamente podrán jugarlo aquellos que lo compraron en su momento, a través de la lista de descargas de cualquiera de esas tres plataformas.

Además, esa versión pertenece a la línea «USA Imports», lo que significa que la versión publicada en la Store es la NTSC. El cambio más significativo es que está en inglés. Con todo, no pierdo la esperanza de que el juego se acabe publicando para PS4 y PS5 a través del nuevo PS Plus y la modalidad de suscripción Premium. De ser así, tampoco descarto que llegue la versión española. En ese sentido ya está el precedente de *Wild Arms*. El clásico de PSone de la Store era PAL UK, mientras que la versión de PS Plus Premium es la española.

Y hablando de esperanzas, algunos todavía tienen fe en que los fans realizarán un *port* de *Alundra* para Sega Saturn. Y tienen una base para creerlo: el proyecto de un fan que se dio a conocer en los foros de *SegaXtreme* en el año 2014. El usuario estaba intentando descubrir cómo funcionaba el juego internamente para crear un *port*. Poco después el proyecto cayó en el olvido, pero en junio de 2021 el autor actualizó el tema para comentar que había realizado nuevos descubrimientos y que le gustaría retomar el proyecto. En la actualidad se desconoce el estado del mismo.

LA LICENCIA

Seguro que alguna vez te has preguntado quién tiene realmente la licencia de *Alundra* a día de hoy. En ese sentido, no está claro cuántas partes hay involucradas. Lo que sí puedo decir es que la marca *Alundra* está registrada por Sony Computer Entertainment Inc., tal y como se indica en la propia guía de estrategia oficial.

Además, en una entrevista que le hicieron a John Greiner, CEO de MonkeyPaw, en *Siliconera*, este confirmó que, aunque la traducción fue de Working Designs, la licencia la tiene Sony, que son los que les permitieron trabajar en la versión para la Store. De todas formas, Greiner comentó que en juegos con tantos años a sus espaldas siempre es difícil encontrar aquellas personas que tomaron decisiones en acuerdos de este tipo.

En definitiva, lo que se puede extraer de aquí es que Sony tiene potestad para dejar que otras empresas trabajen en la propiedad intelectual. Matrix Software no tendría la licencia en propiedad, pero alguno de sus integrantes sí podría formar parte del acuerdo.

9.

EL PAPEL

DE

WORKING
DESIGNS

n los créditos de *Alundra* aparece un nombre que no es japonés y cuya importancia fue vital. Ese nombre es el de Victor Ireland. Y todos los amantes de los juegos nipones le deben mucho. Victor Ireland no fue el fundador de Working Designs en 1986, ya que ese honor es de Todd Mark y Sylvia Schmitt. Pero con la muerte de Mark en 1988, Ireland fue contratado para terminar su trabajo. Y tan solo dos años después, la empresa dejó de dedicarse al *software* para convertirse en editora de juegos.

Ireland acabó siendo el presidente de Working Designs y consiguió otorgarle a su editora un distintivo muy especial: se especializaron en la localización de juegos japoneses para el mercado norteamericano. No era casual, ya que fue uno de los pocos editores que intentaron estrechar la brecha cultural que había entre Oriente y Occidente. Incluso fue, durante mucho tiempo, el editor exclusivo de la saga Lunar en los Estados Unidos. Y también una de las primeras compañías norteamericanas en utilizar el formato CD-ROM para introducir diálogos con voz en los juegos.

Pero… ¿por qué fue tan importante Victor Ireland en el desarrollo de *Alundra*? Básicamente, es el principal responsable de que Working

Designs se fijara en el juego de Matrix, así como de la fantástica traducción del juego, en inglés primero y, por lo tanto, a nuestro idioma después. En otras palabras, la traducción es muy fiel con el texto original japonés y adaptó muy bien el lenguaje.

Por si fuera poco, hoy en día es posible conocer muchos detalles de esta apasionante historia gracias a la sección «Translation Notes» que viene incluida en las instrucciones de la versión americana de *Alundra*. Concretamente en la página 56. De entrada, Victor Ireland y la gente de Working Designs cuentan que vieron el juego por primera vez en el Tokyo Game Show de 1997, celebrado en abril. Cuentan que fue amor a primera vista. Incluso intuyeron que detrás tenían que estar los creadores de *Landstalker*, juego que les gustaba especialmente.

También cuentan cómo se forjó esa mítica introducción animada que podemos ver al iniciar el juego, también en la versión europea. En efecto, la misma que viene con un tema roquero que no compuso Kohei Tanaka. Esa escena está compuesta por pequeños fragmentos del *ending* del juego y fue el principal cambio de Working Designs. Pensaron que eso motivaría más al jugador que la introducción japonesa, que simplemente mostraba una sucesión de imágenes del título. Esa intro se mantuvo igualmente, pero para verla es necesario no tocar ningún botón en la pantalla de título.

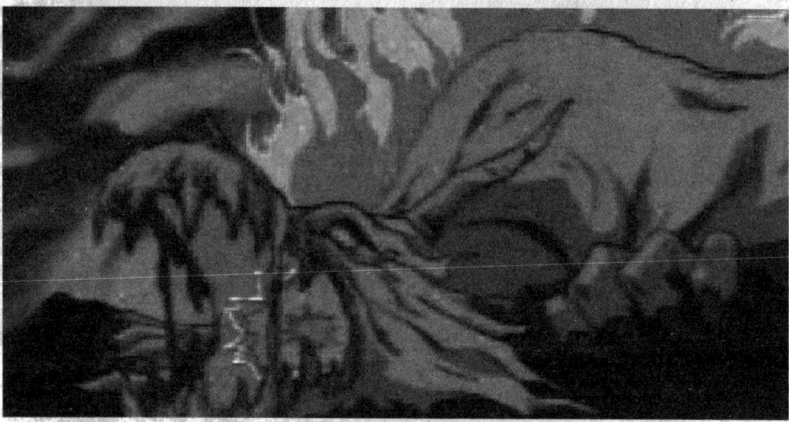

Captura de la cinemática introductoria que hizo Working Designs.

En esa sección también hablan de otros cambios menores que aplicaron. Por ejemplo, hicieron que se pudiera entrar en el menú de objetos con los gatillos y no solo con el botón *start*. Y también realizaron algunos ajustes de dificultad. Por ejemplo, dando más tiempo al jugador en un rompecabezas de la pesadilla de Elene, o bajándole la vida a algunos jefes finales. Como contrapartida, hicieron que los jefes más temibles quitaran más vida con sus golpes. La intención no era rebajar la dificultad, sino hacer que esos enfrentamientos no fueran interminables. Todos esos cambios perduran en la versión europea.

10

RECEPCIÓN
Y
VENTAS

 pesar de que los juegos en 2D de finales de los noventa fueron muy criticados por los medios, no todos los medios fueron igual de duros. *Alundra* es uno de los pocos que se salvó de la quema. Ahora toca hacer un pequeño ejercicio de nostalgia y entrar en una máquina del tiempo para revivir el recibimiento que tuvo el juego cuando llegó al mercado. También hablaré un poco de cifras.

PRENSA FÍSICA EN ESPAÑA

Teniendo en cuenta que *Alundra* llegó a Europa en junio de 1998, bien sabrás que las dos grandes revistas de videojuegos en España eran *Hobby Consolas* y *Superjuegos*. Y lo primero que haré es rememorar sus respectivos análisis. Ambos fueron publicados en julio de 1998.

En el caso de *Hobby Consolas*, estamos hablando de un texto firmado por Alberto Lloret en el número 82 de la revista. Lloret puntuó *Alundra* con una nota de 93 sobre 100. Del juego dijo que «horas y horas de diversión nos aguardan tras un compacto que desprende calidad por todos y cada uno de sus poros» (p. 100).

Por su parte, el texto de *Superjuegos* lo firmó Bruno Sol, también conocido como Nemesis, en el número 75 de la revista. En su caso, la puntuación final fue de 94 sobre 100. Además, Bruno dijo que estábamos ante «uno de los juegos más bonitos, jugables y largos del año». Y añadió que «*Alundra* compone junto a *Castlevania Symphony of the Night* y *Tombi!* los tres mejores títulos 2D jamás creados por la máquina de Sony. Así de simple» (p. 37).

Publicidad de la época en nuestro país tras la recepción del juego.

Publicidad de la época sobre la traducción del juego al español.

PRENSA DIGITAL EN ESPAÑA

Muchos medios digitales no pudieron analizar *Alundra* en 1998 por motivos lógicos. Pero algunos lo han hecho *a posteriori*. Y vale la pena que me detenga un momento en esos textos. Sin ir más lejos, *MeriStation* publicó su análisis de *Alundra* en 2018, de la mano de Ricardo Fernández. Ricardo puntuó el juego con un 8,5. Atentos a lo que dijo: «Si todavía no habéis tenido el placer de disfrutar de una mágica aventura como la de *Alundra*, intentad que no pase del día de hoy».

También en 2018 llegó un texto de *Vandal*, de la mano de Carlos Leiva. No es un análisis como tal, ya que se trata de un artículo correspondiente a una sección semanal sobre retro. No obstante, es un artículo de gran calidad que vale la pena leer. Por ejemplo, destaca un hecho muy cierto: fue una gran sorpresa que *Alundra* no estuviera incluido entre los juegos de la PlayStation Classic Mini.

PRENSA INTERNACIONAL

Haciendo un repaso más general por la prensa internacional, debes saber que *Alundra* tiene un 86 sobre 100 en *Metacritic*. Algo que lo convirtió en el sexto título mejor valorado del año 1997 según las medias de la plataforma. Por su parte, en *GameRankings* obtuvo un 84 sobre 100.

Uno de los medios importantes que mejor puntuación le dio fue *IGN*, con un 85 sobre 100. Y me encanta leer una frase textual de su análisis que hace referencia a una comparación con *Landstalker*: «Climax ha hecho que *Alundra* sea el doble de difícil, el doble de desafiante y el doble de bueno».

De todas formas, los medios internacionales sí fueron un poco más duros con los gráficos del juego. Hasta el punto de que medios como *GamePro* dijeron que se parecía demasiado a un juego de dieciséis

Publicidad de la época en el Reino Unido tras la recepción del juego.

Publicidad de la época que remarca que *Alundra* es de los creadores de *Landstalker*.

bits. Exactamente lo mismo que comentaron desde *Computer and Video Games*, que es el medio que peor nota le dio en *Metacritic*: un 70 sobre 100.

También vale la pena recordar el análisis de Conrad Zimmerman para *Destructoid*. Básicamente, habló de *Alundra* como de «uno de los mejores ejemplos de juegos de acción RPG». Además, comentó que el título tenía «una trama como nunca antes has visto en el género». Por último, comentar que medios como *GameSpot* destacaron que se trataba de un juego adictivo, equilibrado, completo y, sobre todo, largo.

¿LLEGÓ AL MILLÓN?

Anteriormente he comentado que *Alundra* no fue uno de los juegos más vendidos de PlayStation precisamente. Pero si quieres saber cuánto vendió exactamente, no está claro que llegara siquiera al millón de copias en todo el mundo.

No hay datos oficiales recopilados sobre este tema más allá de las ventas iniciales en Japón y Estados Unidos. Actualmente se estima que el juego había vendido casi 150 000 unidades en Japón a finales de 1997. Y en su primer mes de vida en Estados Unidos, a principios de 1998, habría logrado vender alrededor de 100 000 copias. Investigando, he visto algunas referencias que hablan de casi 90 000 copias en Europa, aunque es algo que no he podido contrastar.

Por lo tanto, en el mejor de los casos, se habría llegado a la cifra de 500 000 unidades vendidas en todo el mundo. De todas formas, es importante relativizar. Ten en cuenta que aunque algunos juegos como *Gran Turismo* vendieron más de 10 millones de copias, no era lo habitual en la época. De hecho, son pocos más de cien los juegos de la primera PlayStation que lograron superar la cifra del millón de copias. A pesar de todo, es un dato significativo dada la calidad del juego.

11.

CÓMO NO
HACER UNA
SECUELA

 n noviembre del año 1999 (junio del año 2000 aquí), llegó al mercado *Alundra 2: A New Legend Begins*. De entrada, eso ya nos deja un dato interesante: el desarrollo del juego duró poco más de dos años. Es decir, menos tiempo que el desarrollo del juego original. Muy poco teniendo en cuenta que la secuela fue un título radicalmente distinto.

El juego, que fue publicado por Sony en Japón y por Activision en el resto del mundo, también fue desarrollado por Matrix Software. Pero, de entrada, el equipo no era el mismo. De hecho, *Alundra 2* también fue desarrollado por Contrail, empresa subsidiaria de Sony que probablemente conocerás por juegos como *Wild Arms 2* o *Legend of Legaia*. El caso es que el nombre clave detrás de Contrail era Takahiro Taneko, que había sido productor en el primer *Alundra* y que en esta secuela fue uno de los diseñadores principales. Yasuhiro Ohori volvió a ejercer de director, pero esta vez lo hizo compartiendo el cargo con Masumi Takimoto, que había sido programador en el juego original.

Además, el argumento ya no estaba escrito por el gran Ichiro Tezuka, sino por Hiroshi Miyaoka, que se estrenó en la faceta de guionista, aunque ya tenía experiencia ayudando a crear los mundos de los primeros Dragon Quest. También se notó mucho la ausencia de Yoshitaka Tamaki en cuanto al diseño de personajes. El que sí repitió fue Kohei Tanaka como compositor.

Pero el problema de *Alundra 2*, cuya calidad está en el polo opuesto de la de *Alundra*, no es el equipo, sino más bien la dirección que tomó ese equipo. Hacer un juego distinto e independiente con respecto al título original no es algo malo de por sí; el problema es cómo lo haces.

De entrada, querer pasar de las 2D a las 3D era lógico en el año 2000, pues la tecnología empezaba a funcionar de maravilla. Pero tienes que hacerlo muy bien para que una saga que ha funcionado con un estilo clásico funcione igual de bien con un estilo moderno. Y no todas pasan este escollo con éxito.

En ese sentido, Zelda es un gran ejemplo positivo. Nadie echó de menos *A Link to the Past* cuando salió *Ocarina of Time*, porque este último era buenísimo en lo que pretendía. De la misma forma, nadie echó de menos *Super Metroid* cuando salió *Metroid Prime*. Ni *Super Mario World* cuando llegó *Super Mario 64*. Tampoco *Final Fantasy VI* con el lanzamiento de *Final Fantasy VII*. Y así podría estar horas. El principal problema de *Alundra 2* era que como juego de acción en 3D no sobresalía. Y por otro lado, tampoco estaba a la altura del juego original, perdiendo grandes señas de identidad. *Alundra 2* perdió profundidad jugable. Era más lento, más tosco, menos inspirado y encima llegó con errores técnicos que ya no eran propios de la época. El original era un gran exponente dentro de su estilo gráfico; *Alundra 2* era todo lo contrario.

Captura de *Alundra 2* y su desacertado estilo artístico.

Tampoco ayudó el hecho de presentar una historia que, si bien estaba muy bien escrita, echaba por tierra todas las cosas que tanto gustaron del original. El argumento de *Alundra 2* es, resumiendo, mucho más simple, alegre e infantil. No se tratan temas profundos. Y tampoco hay personajes secundarios memorables. Esa falta de carisma es un problema que también arrastra la propia música. Kohei Tanaka hizo un buen trabajo, pero se adaptó a esa historia más desenfadada. El resultado es una banda sonora menos inspirada y sin la fuerza suficiente como para recordar ninguna de las melodías.

Por suerte, no todo es malo en *Alundra 2*. Por más tópico que suene, simplemente se trata de un buen RPG, pero de un mal *Alundra*. En la parte positiva, puedo decir que el diseño de los rompecabezas es bastante bueno. Aunque como contrapartida, son mucho más sencillos en dificultad.

De alguna manera, es como si Sony hubiera atado a los desarrolladores para que trabajaran en un juego mucho más accesible y para todo tipo de público. De hecho, si te fijas en la entrevista de antes, los creadores tenían muy claro que la dificultad o el mundo de los sueños eran la identidad de *Alundra*. Es lo que cualquiera esperaría de una secuela, incluso aunque transcurra en un mundo distinto.

A pesar de todo, como juego de acción está bien, con algunos movimientos ampliados para el protagonista que ofrecen una sensación más aventurera. Todo con un manejo y aprendizaje sencillos. Y luego hay ciertos detalles que pueden gustar más o menos, pero que son —de nuevo— una transgresión a la filosofía original de Matrix Software. Me refiero a esa idea de ofrecer una estructura en la que sea el jugador el que adquiera experiencia y no el personaje. Y en *Alundra 2* es todo lo contrario, ya que hay puntos de experiencia. Para mí, en este caso alargan la duración de forma artificial.

En definitiva, *Alundra 2* es el ejemplo de cómo no hacer una secuela de un título memorable y recordado por una serie de cualidades que se pierden por completo en la segunda parte. Tal es así, que hoy en día la mayoría de fans de *Alundra* te dirán que prefieren secuela en 2D o, directamente, una remasterización del original.

12.

¿QUÉ PASA CON MATRIX?

epasar la historia de Matrix Software después de *Alundra* es, básicamente, repasar toda la historia de la compañía. Porque, como he comentado antes, el estudio se formó con antiguos miembros de Climax Entertainment que habían trabajado en *Landstalker*. Y *Alundra* fue su primer juego. Para su desarrollo tenían una idea muy concreta y absoluta libertad creativa para llevarla a cabo. Sin embargo, la sensación es que Matrix Software no pudo mantener mucho tiempo esa libertad creativa.

Alundra 2 fue justamente todo lo contrario a la filosofía con la que se formó el estudio. Y poco a poco se fueron sintiendo cómodos con la idea de trabajar para distintas desarrolladoras que les marcaron el camino. Tal es así, que en la actualidad son archiconocidos por haberse encargado de los *ports* para dispositivos móviles de sagas tan importantes como Final Fantasy, Dragon Quest o Profesor Layton.

En algunos de esos juegos pudieron tener cierta libertad creativa, pero también estuvieron condicionados por las sagas en cuestión. Y para mí, eso es algo importante para explicar por qué a veces los estudios tienen más éxito con sus propias ideas. Quizá por eso hoy en día vemos tantos juegos independientes de calidad. Aunque el éxito es relativo, claro; lo que es exitoso para el jugador no necesariamente lo es a nivel comercial o empresarial.

Volviendo a Matrix Software, su relación con Enix empezó en el año 1999, cuando colaboraron con Chunsoft para desarrollar una entrega derivada de la saga Dragon Quest. Concretamente *Torneko: The Last Hope*. Un año antes, en 1998, también habían trabajado con Hudson Soft para desarrollar una nueva entrega de la saga de estrategia Nectaris. Sinceramente, no les pegaba mucho.

Hasta el lanzamiento de *Alundra 2*, todos los juegos de Matrix Software habían sido para PlayStation. Ya en el año 2002 lanzaron al mercado el que fue su último gran proyecto publicado por Sony: *Dual Hearts*. Se trataba de un plataformas de acción en el que supuestamente sí tuvieron más libertad creativa. Pero quedó claro que el género, al menos como elemento principal, no era lo suyo. Con todo, es un juego bastante interesante que recomiendo probar. No llegó a Europa, siendo la versión americana publicada por Atlus la más accesible.

En Enix estaban contentos con el trabajo realizado por Matrix Software. Y así fue como, en 2002, les encargaron otra entrega de Torneko. Y esa relación se afianzó en 2004, cuando Matrix trabajó por primera vez con la nueva Square Enix. La compañía les confió la posibilidad de desarrollar una versión de *Dragon Quest V* para PS2. Y eso marcaría un gran punto de inflexión. Tan solo dos años después, Square Enix les encargaría el mayor proyecto al que se habían enfrentado hasta entonces: desarrollarían un *remake* completo de *Final Fantasy III*. En 3D y en exclusiva para Nintendo DS.

El resultado final lo conoces de sobras y pone de manifiesto lo que comentaba al principio: cuando más libertad creativa han tenido, mejores proyectos han ofrecido. Sin duda, lo que mejor se le daba a Matrix Software era todo lo relacionado con juegos de rol clásicos. La nueva versión de aquel título original de NES, que posteriormente ha llegado a otras plataformas como PSP, PC (Steam) o dispositivos móviles, sigue siendo una gozada a nivel visual y jugable.

Luneth	74 / 78
Refia	62 / 82
Arc	78 / 80
Ingus	100 / 100

Captura del *remake* de *Final Fantasy III*.

Visto en perspectiva, lo cierto es que los juegos de Matrix Software que han llegado a Occidente son, probablemente, los mejores que han lanzado. Además, la capacidad de Matrix para adaptar tan bien una saga importante de la industria hizo que Konami se fijara en ellos para continuar una de sus franquicias. De esa forma, desarrollaron *Lost in Blue 2* y *Lost in Blue 3* (ambos salieron en 2007). Si te gustan los juegos de supervivencia, te pueden sorprender.

También en 2007 lanzaron al mercado el *remake* de *Final Fantasy IV* para DS. Desde Square Enix estaban encantados con el resultado de *Final Fantasy III*, así que este juego tuvo el mismo estilo gráfico. Además, Square Enix les ofreció la posibilidad de contar con el productor original del juego, Takashi Tokita, para que desarrollaran la secuela conocida como *The After Years*. Una especie de expansión independiente en forma de secuela directa que primero fue exclusiva de móviles, pero que también acabó llegando a PSP a través de *Final Fantasy IV Complete Collection*.

Gracias a sus últimos éxitos, Matrix pudo colaborar con dos editoras de gran renombre. Primero con Marvelous y después con Tecmo. Para cada una de ellas desarrollaron un RPG totalmente original. Y así nacieron *Avalon Code* y *Nostalgia*, ambos lanzados para DS en 2008. El primero aportó elementos muy originales al género, mientras que el segundo es un juego mucho más tradicional.

A partir de ahí, la compañía no ha parado en cuanto a eso de adaptar grandes sagas del género RPG a distintos dispositivos, incluido *Tales of VS.* para PSP. Aunque sobre todo ha trabajado con Square Enix para llevar a móviles juegos como los tres primeros Dragon Quest o algunos Final Fantasy clásicos. Sin olvidar ciertos juegos propios para dispositivos móviles, como los dos Final Fantasy Dimensions.

Por otra parte, debes saber que Matrix Software apoyó a Japan Studio en el desarrollo de *White Knight Chronicles: Origins* para PSP (2011). Es cierto que la entrega portátil de esta saga de PS3 no es especialmente potente, pero ofrece un sistema de combate muy divertido y un modo infraestructura para disfrutar en línea del cooperativo para hasta cuatro jugadores.

Como curiosidad, puede que lo más extraño que haya hecho Matrix Software sea haber desarrollado varias entregas de la saga musical de ritmo Groove Coaster (Taito). Por otra parte, en el momento de escribir este libro, el último juego lanzado al mercado por parte del estudio es *Brigandine: The Legend of Runersia* (2020). Un juego de rol táctico que, en realidad, es la secuela de un título exclusivo de la primera PlayStation (1998) que no llegó a Europa. La secuela sí ha llegado a nuestro territorio para Nintendo Switch, PS4 y PC. No es revolucionario, pero tiene un sistema de combate muy divertido y retante, así como algunas ideas originales.

Ahora la pregunta es… ¿qué pasará con Matrix Software en el futuro? A decir verdad, no lo tengo claro. Lo único que sé es que, en muchas ocasiones, pensamos en las sagas y en las compañías como si fueran eternas. Sí, hay franquicias que nunca se van, pero las personas que las crearon ya no están o, por lo menos, no todos.

Me encantaría que Matrix Software se encargara de un nuevo juego de *Alundra*. Pero… ¿sería el mismo *Alundra* que recuerdo? ¿Lo harían las mismas personas? A veces, hay que aceptar que la nostalgia es, precisamente, nostalgia. Lo que está claro es que Matrix ha demostrado, con diferentes equipos y en diferentes etapas, ser muy competente con los juegos de rol clásicos. Y eso es lo que espero que sigan haciendo.

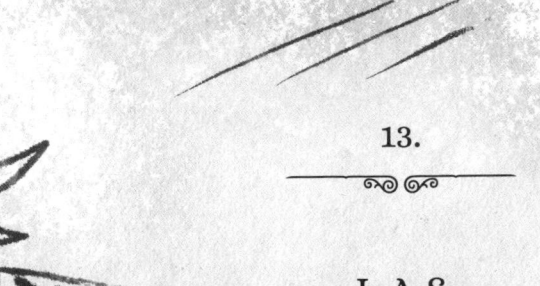

13.

LAS AVENTURAS DE ALUNDRA

legados a este punto, propongo hacer algo muy original. A lo largo del juego, Alundra habla frecuentemente con los habitantes de Inoa. Sin embargo, nunca vemos reflejada ni una sola palabra suya en las líneas de diálogo que aparecen en pantalla. Siempre son el resto de personajes los que repiten sus supuestas palabras. ¿Alguna vez te has preguntado el porqué?

Quizá cobre sentido con este libro. Puede que todas aquellas aventuras vividas en PlayStation fueran en realidad una historia que el mismo protagonista estaba contando. Alundra contaba a los jugadores sus vivencias, sus miedos y, en definitiva, el gran peso que tenía encima. Todos decían que él era el Libertador, pero su papel no era fácil.

Él no lo había escogido, pero siguió su corazón. El viaje que empezó cuando decidió prestarle atención a aquellas voces que le hablaban en sueños, resultó ser también un viaje espiritual. Finalmente, Alundra tendría una familia y comprendería que el amor es lo más importante, así como que vale la pena arriesgarlo todo por ella. Aun así, el camino sería complicado, sería rechazado por muchos y perdería a gente querida.

La siguiente historia, contada por su protagonista, es una historia de humanidad. Y en ella serás testigo de una aventura que te recordará que la humanidad es frágil, que no todo es lo que parece y que el miedo, aun siendo irracional en muchas ocasiones, también es humano. Cuando la oscuridad te atormenta y te persigue, no te puedes librar de ella, igual que no es posible librarse de la muerte. Pero puedes combatir esos miedos. Y puedes hacerlo acompañado.

La historia de Alundra es una historia de superación y una prueba de que el ser humano nunca se rinde y siempre encuentra un motivo para seguir luchando. ¿Quieres revivir esta historia conmigo? No se hable más.

MI NOMBRE ES ALUNDRA

Me llamo Alundra. Y no sé cómo contarte esta historia. Así que empezaré desde el principio. Mi aventura comenzó cuando tuve aquellos sueños tan extraños. Eran muy reales y me despertaba sudando en la cama. Parecían ser premonitorios, pero no comprendía su significado. Solamente intuía la presencia de un ser mágico, hasta que unas llamas me consumían y sentía dolor. Parecía real. Era un dolor muy profundo.

Un día, logré ver más allá de las llamas. Alguien me estaba diciendo que subiera a un barco. Esa voz me pedía que buscara a los Klark, un clan de marineros que me llevaría a Torla, tierra en la que se encontraba un pueblo llamado Inoa. Poco importaba el significado de aquello si podía acabar con mis pesadillas…

Fue fácil conocer a los Klark. Su reputación les precedía y por suerte buscaban tripulación para un viaje a Torla. Después de varias conversaciones y un poco de papeleo, todo estaba preparado. Surcaríamos los mares en pocos días.

Los primeros días en el barco fueron complicados. La tripulación estaba de mal humor. Yo vomitaba a menudo, pues no estaba acostumbrado a navegar. Y algunos marineros, que más bien parecían matones, me trataban con desprecio. Como aquel que criticaba mi memoria.

—¿Has vuelto a olvidar dónde está tu camarote? —me preguntó.

A duras penas le contesté que sí, pues estaba a punto de volver a echarlo todo por la borda.

—¡Caray! Es la quinta vez, ¡tu camarote es el de la derecha! —contestó enojado.

A pesar de mis mareos, hacía un día espectacular. Las gaviotas cantaban y el suave viento chocaba contra las velas del barco. Aproveché para dar una vuelta por la cubierta antes de volver al camarote. Aunque las cosas no estaban muy animadas… Unos estaban hartos de navegar, mientras que otros me contaron lo mucho que echaban de menos a sus amados. Los marineros, por cierto, eran muy chulos.

—Bonito, ¿eh? —comentó uno de ellos al ver que admiraba el barco—. He sido marinero desde muy joven. Y aún no me canso de observar el ondular de las olas por las inmaculadas aguas de la proa.

Me cansé de escuchar las mismas historias una y otra vez, así que decidí visitar al capitán Merrick en su propio camerino. Él era distinto. No solo físicamente, siendo mucho más apuesto que todos aquellos marineros que parecían copias los unos de los otros, sino que también era más inteligente y comprensivo. Excepto cuando estaba ocupado…

—¿Qué te ocurre chaval? Estás pálido… —me dijo—. Mmm… ¿has tenido el mismo sueño perturbador todas las noches? Es la enfermedad que nubla la mente de tu tierra. Pasará. Si me disculpas, mejor intento llevar el barco a buen puerto. Debe estar cerca…

Tengo que admitir que tenía un mal presentimiento. Más aún teniendo en cuenta que mi camerino tenía una grieta inmensa en la pared que daba al camerino de al lado. Parecía peligrosa y avisé a mis vecinos, pero les daba igual.

—Ya, ya. ¿Qué prisa hay en arreglarla? —dijo uno de ellos—. Bueno, la arreglaré tan pronto como mi amigo y yo demos cuenta de esta botella de ponche… o cuando los cerdos empiecen a volar. Lo que venga primero, pesado.

Con ese panorama, lo mejor que podía hacer era volver a mi camarote y descansar. Estaba aterrado ante la posibilidad de sufrir otra pesadilla, pero al menos habría llegado a mi destino al despertar.

Aquella noche volví a soñar y fue más lúcido que nunca. Sentí como si estuviera ahí, en otro lugar. Pero no había llamas, solo ese ser mágico que me había llevado a coger un barco. Debajo de ese halo de luz mágica y esa túnica negra tan mística, se encontraba el rostro de una persona humana.

—Me conocen como Lars. Soy mago y uno de los guardianes del sello. Se acerca la hora de cumplir una vez más con mi deber —me dijo.

Ese mago me mostró imágenes de un pueblo y sus habitantes. Era como si estuviera ahí, viviendo el presente de aquel lugar. Pensé que quizá era el pueblo de Inoa. Nada me parecía imposible a esas alturas. De todas formas, el mago interrumpió mis pensamientos....

—¿Puedes oírme, Libertador? Al norte de Inoa hay un lago oscuro y profundo. Un horrible demonio ha dormido bajo sus turbias aguas durante mil años. Ahora, la bestia vuelve a despertarse… Estamos de pie en el umbral…

De repente, noté una presencia maligna y apareció la silueta de otro ser con un halo de luz azulada al lado de aquel mago. Estaban en una especie de cripta.

—¡Me haces cosquillas! ¡Nadie puede detenerme! Y mucho menos un miserable humano —dijo ese ser.

Enseguida entendí que aquello estaba ocurriendo en algún lugar físico del mundo real. Pero el único que parecía tener comunicación directa con mi conciencia era Lars. Aquella terrorífica conversación continuó…

—Dime Melzas. Si los humanos son tan débiles, ¿cómo es que solo consigues tu bienestar gracias a sus esfuerzos?

—¿No lo entiendes, mago? Los humanos dejaron de serme útiles hace mucho tiempo. Su presencia en mi realidad no es sino una espina que tengo clavada. Pronto, yo…

Recuerdo que, en ese instante, Lars se rio como un maníaco.

—¿Por qué te ríes, viejo? ¿Te atreves a mofarte de mis palabras?

—Me río porque… ¡tienes miedo! Hablas de destrucción y sin embargo temes el poder de la humanidad —respondió Lars—. ¿Por qué otra razón vendrías aquí ahora, a impedirme que envíe mi mensaje de salvación? ¡Admite tu cobardía, maldito desalmado!

—No soy tan cruel como para robar la última pizca de esperanza de alguien que está a punto de morir. Cree lo que quieras, Lars. Pero háblame de esa persona a la que llamas Libertador. ¿Cómo se llama? ¿Es una chica?

Después de pronunciar aquellas palabras, Melzas desapareció sin dejar rastro. Pero dicen que después de la calma viene la tormenta... La cara de Lars lo decía todo...

—Ha llegado mi hora, Libertador —dijo esperanzado—. Pero he servido a mi causa. Ahora sabes el inmenso poder que se alberga dentro de ti. Sigue mi consejo. Ve a Inoa y usa tu poder para detener al demonio. Yo ahora me voy al otro mundo... ¡¡¡Libertador!!!

Ese último grito todavía resuena en mi cabeza. Después, la imagen se había distorsionado y no pude ver qué ocurrió. Y lo que es peor, empecé a ver otro lugar. Era un palacio en el que estaba ese ser diabólico. Aquella vez sí notó mi presencia y me habló.

—Ja, ja, ja. Hoy Lars. Mañana serás tú, Libertador. Y después, el fin de la humanidad. Es la suerte. Es el destino.

Después, todo quedó a oscuras. Recuerdo despertarme con mucha ansiedad. Y no fue solo por el sueño, ya que el barco estaba perdiendo estabilidad. Todo se movía de un lado para otro y era complicado mantenerse en pie.

Para colmo, la puerta de mi camarote se había atascado. Entonces agradecí que los cerdos todavía no volaran y que aquel marinero adicto al ponche siguiera durmiendo la mona. La grieta se había hecho más grande y pude pasar al camarote del vecino para salir al exterior. Las cosas no iban mucho mejor fuera.

—¡Levantaos, rápido! —gritaba Merrick—. ¡He salido de tormentas mucho más feroces!

El panorama era catastrófico. La tormenta era de dimensiones titánicas y no parecía que el barco estuviera preparado para aquello.

—¡Escuchad al Capitán! ¡La mar no nos traería un oleaje lo bastante fuerte como para despachar a los Klark! —dijo un marinero.

Sin embargo, en ese momento me percaté de lo que estaba ocurriendo. Y me quitaron las palabras de la boca…

—Ca… ¡Capitán! ¡Vamos derechos al arrecife! —dijo otro marinero.

El choque fue inminente. Y recuerdo ver cómo el barco se partía en dos por la mitad. La gente gritaba, vi cómo moría el hombre que ansiaba reencontrarse con su amada. Todos cayeron al mar como moscas. ¿Moriría yo también? ¿Para qué todos aquellos sueños? Pensé. Por suerte, algún tipo de milagro me salvó.

LA CALIDEZ DE INOA

Las palabras de Lars debían ser ciertas, porque desperté en Inoa. Un hombre llamado Jess me había encontrado en la playa y me había llevado a su casa. Al despertar, me di cuenta de que su rostro me producía una profunda sensación de paz. Tenía cara de buena persona, aparentaba tener unos 50 años y llamaba mucho la atención su enorme bigote. Desde luego no podía ser una pesadilla, ya que Jess parecía un tipo muy real. Solo con las primeras palabras que pronunció, supe que tenía un corazón enorme.

—¡Estás despierto! Es una mejora. ¡Eso está bien! Pensaba que estabas a punto de estirar la pata, ¿sabes a qué me refiero? Me llamo Jess. Soy el forjador de espadas de Inoa. Sueldo decente, hago mis horas. No es gran cosa. ¿Cómo te llamas?

Me costó pronunciar mi nombre. Todavía estaba aturdido, aunque no tenía heridas graves. Y me sorprendía la amabilidad y el sentido del humor de una persona que no me conocía de absolutamente nada.

—¿Alundra? Encantado de conocerte, Alundra. Estabas con los Klark, ¿verdad? Tienes suerte de estar vivo, ¿sabes a lo que me refiero? ¡Apenas han encontrado restos del barco!

»Pero no hablemos de eso. Hablemos de ti, mi nuevo amigo. Puedes quedarte aquí hasta que te recuperes por completo. Vivo solo. Cuando te vayas, volveré a ser un hombre solitario, viejo y gordo. No es para que te sientas mal…

Justo cuando Jess terminó de hablar, vi un libro en la mesita de noche. Pensé que podría ser mi diario. Que guardaría ahí un retazo de mis aventuras. Jess no tuvo inconveniente en ceder el diario. Y cuando abandonó la habitación, me fijé en su curiosa forma de caminar, moviendo la cabeza de arriba abajo de un modo tan gracioso como su propio sentido del humor. Parecía un hombre entrañable. Cuando bajé a la herrería, me llamó mucho la atención un cofre cerrado con llave, pero no parecía que Jess estuviera dispuesto a mostrármelo. Antes de salir de la casa, Jess me animó a conocer a la gente de Inoa. Y seguía haciendo sus bromas.

—La gente de Inoa es muy agradable, pero no tanto como yo, aunque lo intentan —dijo.

Nada más salir, encontré a una chica. Me estaba esperando, como si supiera que iba a pasar por ahí. Lo que me dijo resultó muy inquietante.

—Tú eres el de mis sueños. El llamado del reino de nuestro subconsciente. Has venido a… salvarnos.

La verdad es que me dio un poco de miedo, así que sonreí y me fui con la intención de conocer a los lugareños. No tenía mapa del pueblo, así que decidí empezar por el norte. Y cerca de ahí encontré un niño muy insolente. Era el hijo del alcalde y me dijo que cuando quisiera dirigirse a mí, me lo haría saber. ¡Incluso me llamó campesino! Además, pedía dinero si quería salir de Inoa. En fin, que el chaval apuntaba maneras si su intención era seguir una carrera política.

Cerca de ahí encontré una casa enorme. Resultó ser la del alcalde. Un señor mayor, calvo y bien vestido llamado Beaumont que, nada más verme, me pidió que no causara problemas o me echaría. Su mujer, llamada Thyea, era mucho más amable y humilde. Parecía más joven que él y también era muy elegante.

Al extremo noroeste de Inoa vivía un chico joven que parecía ser inventor o algo así. Llevaba el pelo largo y era pelirrojo, como yo. Su casa estaba llena de cacharros que no había visto nunca. Ni siquiera me miró cuando intenté saludarle. ¡Me confundió con un repartidor de comida!

Bajando unas escaleras desde casa de Jess encontré la tienda de artículos de Inoa. Naomi, la joven dueña del local, era un amor. Pero me sorprendió su *modus operandi*. Tenía que lanzar los objetos que quería comprar encima del mostrador. Solo así Naomi me hacía caso. Sería alguna especie de costumbre ancestral del lugar, pensé. Me llevé algunas hierbas medicinales —que según me dijeron traía su marido Yuri, de sus escapadas al campo— y me marché.

Al noreste de Inoa encontré un jardín muy bonito junto a una casa que resultó ser la vivienda de Sierra, la madre de aquella niña que me había hablado de unos sueños. Me contó que su hija se llamaba Sybill, así como que era una persona inofensiva y muy cariñosa. Sybill, por cierto, era una niña muy bajita. Y sus ojos, de un color rojo intenso, eran cálidos y bondadosos.

Más hostil era la familia que vivía al sur de ahí. La casa parecía caerse a trozos por dentro. El padre era un hombre alcohólico que repetía una y otra vez que no era culpa suya. Y la hija era una niña muy joven con personalidad múltiple. Se llamaba Elene. Según pude saber más adelante, la historia era muy trágica: Elene había sido una chica sana, hasta que su madre los abandonó y su padre empezó a beber.

En el centro de Inoa se encontraba una casa con una decoración muy estrafalaria. Dentro vivía Yusteel, una anciana con artes de adivinación a través de su bola de cristal. Aunque cobraba quince gilders por sesión, solicité sus servicios. Yusteel me dijo que alguien necesitaba mi ayuda. Y me indicó la casa a través de un mapa. Pensé que iría más tarde. La siguiente parada fue la casa de Lutas y su mujer Fein. Ella afirmó que Jess estaba muy contento desde que me había encontrado. Y confesó que si su hijo no hubiera muerto nada más nacer, ahora tendría mi edad. También insinuó que la madre había fallecido, pero no dejó claro cuáles fueron las circunstancias.

En la entrada situada al sur de Inoa conocí a Kline. Tenía fama de ser el mejor pescador del pueblo. De hecho, iba siempre con un arco en la espalda, por lo que pensé que debía ser un guerrero formidable. Su larga melena morena y su poblada barba también impresionaban. Kline estaba arreglando la puerta principal de Inoa así que decidí no molestarlo.

Cerca estaba la casa de Bonaire y Phineas. El primero era un chico rubio muy descarado. Un ligón de manual, pero un tanto ordinario. El segundo era su pobre padre, de avanzada edad, que prácticamente había perdido toda esperanza de ver a su hijo casado algún día. Al lado vivían Nadia y su abuela Myra. Pero ese día no estaban de humor, así que me fui pitando de ahí. La casa situada al sureste del pueblo era la de Kline, pero se trataba de un tío listo y había cerrado con llave ante su ausencia.

Solo me faltaban dos viviendas por visitar. Las dos estaban al noroeste de Inoa, al sur de la casa de Septimus. En una de ellas vivía Giles, un chico extremadamente religioso. Me preguntó si era creyente. Y cuando le respondí que no, su reacción fue muy grosera. Su hermana Kisha, que tenía una larga cabellera de color naranja, fue mucho más amable. Me explicó que habían venido a Inoa para compartir su fe y creencia en los dioses.

Finalmente, solo quedaba la casa que Yusteel me había dicho. En efecto, dentro había un señor mayor en apuros. Su nombre era Wendell y parecía estar sumido en una terrible pesadilla. Además, su cuerpo estaba lleno de sarpullidos. Su hijo Meade, su nuera Rumi y sus nietos, que eran dos mellizos con el pelo verde llamados Bergus y Nestus, me pidieron ayuda. Dijeron que solo Septimus sabría qué hacer así que fui a buscarlo. Antes tuve que aclararle que no era un repartidor.

—No puedo mirar a sus ojos y decirles que no sé qué hacer —me dijo Septimus—. Todos esos malditos libros, mis años de estudio y no puedo liberar a Wendell de su pesadilla. No soy un sabio. Soy idiota.

Entonces me di la vuelta, con la intención de trasladar la mala noticia. Pero Septimus me paró en seco. Había visto algo que cambiaría la vida de todos.

—Espera. Déjame ver tu frente. ¡Tienes la cicatriz! Soy Septimus. Durante años he estudiado la mente humana y el mundo de los sueños. En uno de mis antiguos libros, se escribió la leyenda de un chico con una marca en la frente. Llevaría al mismo tiempo una bendición y… una maldición. Se le otorgaría el extraordinario poder de introducirse en los sueños de los demás mientras duermen.

»Al menos yo siempre pensé que se trataba de una leyenda… Tengo que pedirte un favor, trotasueños. Te pido que vayas a la casa de Tarn, mi antiguo profesor. Quizá nos arroje algo de luz. Algo que explique qué le pasa a Wendell. Y a lo mejor una forma de detenerlo.

Me sentí tan asustado como intrigado. Si realmente tenía ese poder, explicaría lo de Lars y los sueños lúcidos. Estaba decidido. Buscaría respuestas en la casa de Tarn. Ayudar a Wendell era lo mínimo que podía hacer por Jess. Septimus dijo que la casa de Tarn estaba al este de Inoa. Cuando salí del pueblo, sentí una sensación de libertad enorme. Iba a vivir una gran aventura.

LA LOCURA DE TARN

Al noreste de Inoa encontré un gran santuario. Pero estaba cerrado. Al lado del santuario estaba el cementerio del pueblo. Y la verdad es que el enterrador, ahí presente, parecía más muerto que vivo. Era tan jorobado, que daba la sensación de que estuviera agachado todo el rato. Se llamaba Cephas y sus palabras eran tan inquietantes como su color de piel y el gorro que llevaba puesto.

—Quiero pensar que el cementerio es una representación del cielo aquí abajo —me dijo—. Que este lugar es tan hermoso para el cuerpo como el cielo lo es para el alma.

Nos despedimos y seguí mi viaje. Más adelante tuve mi primer encuentro con lo que parecían ser una especie de gelatinas. Eran monstruos capaces de ocultarse reduciendo su tamaño. Si me acercaba, revelaban su forma real. Incluso podían adoptar forma humana para atacar. Por fin saqué mi daga a relucir. La verdad es que no eran enemigos duros.

Tras aquellos primeros combates, no tardé en encontrar la casa de Tarn. Estaba completamente abandonada. Un cartel en el exterior advertía del peligro de entrar. Cuando lo intenté, me atacaron unos monos muy extraños que saltaban como locos. Tenían la piel clara y unas garras afiladísimas. Parecía una advertencia, aunque la ignoré. Recordé la cara del pobre Wendell y la sonrisa de Jess y entré como un héroe de las películas. Dentro me esperaba el comité de bienvenida. Se postraría ante mí la misma silueta maligna de aquel sueño. El temible Melzas existía…

—¡Los que mantengan intactas sus facultades mentales seguirán mis sabios consejos y no se acercarán! —advirtió.

Después, Melzas desapareció, se cerraron todas las puertas del vestíbulo principal y aparecieron otros cuatro monos. En aquella ocasión tuve que luchar. Eran enemigos muy agresivos e impredecibles por sus saltos, pero no eran muy resistentes. Al derrotarlos, las puertas volvieron a abrirse.

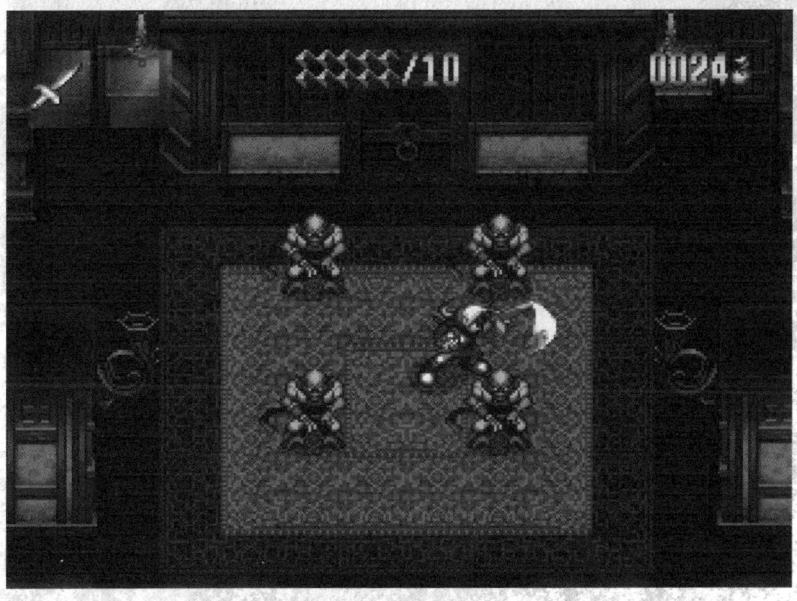

Tarn parecía ser un tipo cuidadoso con sus secretos. Había preparado trampas y escondites por toda la casa, como esas efectivas bolas de pinchos. No podía ser casualidad que casi siempre cayeran del techo con la intención de abrirme la cabeza. Además, tanto las trampas como los enemigos podían hacerme perder el equilibrio cuando llevaba un barril encima. Esos barriles eran necesarios para activar conmutadores y, si se caían, se rompían. Tras avanzar en una de esas secciones, encontré un objeto muy extraño. Se trataba de una figura. Era un Halcón Dorado. Pensé que podría tener un gran valor, así que lo guardé en la mochila.

Poco después llegué a una sala enorme. No quiero ni pensar cómo sería la hipoteca que pagó el señor Tarn. En el piso superior de esa habitación me topé con unos monos que se ocultaban detrás de unas estatuas. Se creían muy listos, pero no me engañaron. Es cierto que detectarlos era prácticamente imposible, pero identifiqué su posición por el horrible hedor de sus cuerpos.

Orientarme por aquel lugar sin mapa fue una odisea, pero también resultó más retante y divertido. Al final hallé un libro llamado «Libro de Elna». Hablaba de sueños, así que pensé que era justamente lo que buscaba Septimus. Ya tenía lo que quería, pero cuando intenté irme, Melzas me dio un susto de muerte.

—Soy Melzas, gobernante de esta desdichada tierra. Los tontos que se entrometen en mis asuntos sufrirán el castigo supremo.

Tras marcarse un nuevo discurso, desapareció. ¿Cómo demonios lo hacía? No llegué a ninguna conclusión ese día. Al salir de ahí, los monos volvían a estar en sus escondites originales, lo cual tampoco tenía sentido. Ante tanto dilema moral, pensé que debía apresurarme en mi regreso a Inoa. Wendell necesitaba ayuda.

Al llegar a Inoa, mi prioridad era socorrer a Wendell, pero antes descansaría en casa de Jess. Por el camino me encontré con el hijo del alcalde, que se llamaba Talis. Seguía con su actitud arrogante, pero le cambió la cara cuando le conté que había ido solo a la casa de Tarn. Incluso me dijo que no estaba mal para un simple campesino. También encontré a Yuri, que me habló de esos horribles monos que me habían atacado. Afirmó que se trataba de los Murgg, una raza de monos blancos que vivía al noroeste de Inoa, en un lejano bosque. Kline, por su parte, estaba sorprendido. Los conocía bien y decía que no actuaban así.

También visité a Bonaire. Estaba enfadado con el mundo y solo hablaba bien de una tal Sara. No le di más importancia y me fui para saludar a Nadia y ver si ya estaba de humor. Sin embargo, estaba dormida y vi explotar una mesa y una cafetera delante de mis narices. Se ve que la chica había estado teniendo pesadillas y que cuando se dormía, las cosas explotaban a su alrededor como si llevaran dinamita. Y por si todo eso no era lo suficientemente surrealista, me encontré con Sybill, la cual me dijo que tenía un mal presentimiento.

Justo antes de llegar a casa de Jess, me topé con la familia religiosa de Inoa. Kisha estaba muy al margen de su hermano y solo pensaba en un tal Olen, al cual todavía no había conocido. Era un minero de Inoa, que vivía a las afueras del pueblo. Según me explicó Kisha, habían planeado una cita secreta para los próximos días. Su hermano, seguía igual de pesado y empezaba a caerme particularmente mal.

Giles era muy desagradable con los que no compartían su fe. Llegó a decirme que Wendell estaba enfermo porque no creía en los dioses y que su enfermedad se trataba de un castigo por esa herejía. Según él, Wendell le había dicho que los dioses habían sido inventados por hombres débiles e incapaces de aceptar la cruda realidad de una dura y solitaria vida. Evité contestar y me fui a casa de Jess.

Tras un pequeño descanso, le conté a mi salvador que había estado en la casa de Tarn. Su reacción fue muy curiosa. Por una parte, se enfadó, pero en realidad se notaba que no quería perderme. Me estaba tratando como a un hijo. Además, volvió a hacer gala de su sentido del humor. Me dijo que el golpe que me había dado en la cabeza era más grave de lo que creía. Que mi cuerpo se había curado, pero que todavía me faltaban algunos tornillos.

Le prometí tener mucho cuidado y me fui a ayudar a Wendell. Cuando llegué, el panorama no era muy alentador. Sus gritos de dolor hacían presagiar un final fatal. Nada más entrar, Septimus se percató de mi presencia.

—¡Alundra! ¡Has vuelto! ¡Y te has traído un libro!

Luego abrimos juntos el libro y Septimus no necesitó mucho rato para averiguar todo lo que necesitábamos saber.

—Ya veo. Alundra, eres del clan de Elna, los trotasueños. Tienes el poder de introducirte en el sueño de los demás y cambiar su destino. Lo puedes utilizar para salvar a Wendell de la pesadilla que lo inhabilita.

En ese momento mi mente estaba intentando procesar todo aquello. El libro describía con suma precisión todas las cosas extrañas que me habían sucedido desde que era pequeño. De todas formas, Septimus interrumpió mis pensamientos…

—¡Debes dirigirte a él de inmediato! —exclamó—. Seguiré leyendo mientras intentas introducirte en su sueño para ayudarte. ¿Estás listo, Alundra? Coge con delicadeza la muñeca de Wendell. Luego concéntrate e intenta sentir el latido de su corazón con la yema de tus dedos. Escucha su respiración e intenta respirar al mismo tiempo que él. Aspira… expira… dentro… fuera…

Yo me limitaba a hacer todo lo que Septimus me decía. Tenía mis dudas de que funcionara, pero de repente sentí como si mi cuerpo se moviera. Después todo se volvió negro. De repente, ya no estaba ahí…

UNA PESADILLA HECHA REALIDAD

Me encontraba en un lugar horrendo. Notaba una presencia maligna, la atmósfera era opresiva y sentía mucho dolor. Era extraño porque tenía la sensación de estar en un sueño, pero notaba totalmente mi cuerpo físico, como en la vida real. Incluso podía sentir el dolor de Wendell. Sabía que era él porque sus pensamientos invadían mi mente. Tenía que hacer algo por él.

Delante de mí había un sendero, pero parecía un laberinto y no había paredes; solo un gran precipicio con almas atormentadas debajo. Había muchos bloques de piedra bloqueando algunas bifurcaciones.

Por eso, tomé el único camino posible hacia arriba. Y cuando llegué al final, vi a Wendell a lo lejos.

—¡Ayuda! ¡Que alguien me ayude! —gritaba desesperado.

Wendell estaba completamente atrapado en la cima de aquel extraño lugar de pesadilla. Y lo peor era que había sido rodeado por cinco de aquellas peligrosas gelatinas moradas. Golpeé con rabia la palanca que tenía delante y decidí superar aquel laberinto para llegar hasta Wendell. No fue nada fácil. Los bloques de piedra podían ser movidos por diferentes palancas. Pero abrir un camino, cerraba otro y todavía me costaba pensar con claridad en aquel lugar onírico.

Con mucha perseverancia logré hacerme con un nuevo Halcón Dorado y llegué a una sala elevada. Estaba cerca de mi objetivo. Desde ahí podía ver a Wendell. El camino hacia él era recto. Pero había dos puentes para llegar y uno de ellos era una trampa. Por suerte, cuando llegué, Wendell todavía estaba vivo. Acorralado, pero vivo.

—¡Oh! Gracias a los dioses. Por fin has llegado —dijo emocionado—. ¿Quién eres tú?

Wendell sabía que estábamos conectados de alguna forma, pero era lógico que no me conociera, ya que todavía no me había visto nunca. Le dije que era Alundra y que venía a liberarle de aquella horrible pesadilla. En ese momento, las gelatinas vinieron hacia mí. Tuve un mal presentimiento…

De repente, todas ellas se fusionaron y se convirtieron en una gelatina gigante. No era momento para hacer bromas, pero pensé que había que bautizarlo. Iba a ser mi primer gran combate. Así que bauticé aquel enemigo como «El Gelatinoide». Era lento, pero el espacio donde luchábamos era reducido. Podría haberme aplastado con facilidad. Tras unos cuantos golpes, la gelatina se tambaleó. Pero lejos de morir, se dividió en cuatro gelatinas medianas. Y cada una de ellas se convirtió en otras cuatro pequeñas cuando las debilité. Aquel monstruo me puso en apuros y tuve que utilizar una hierba medicinal, pero acabé con él.

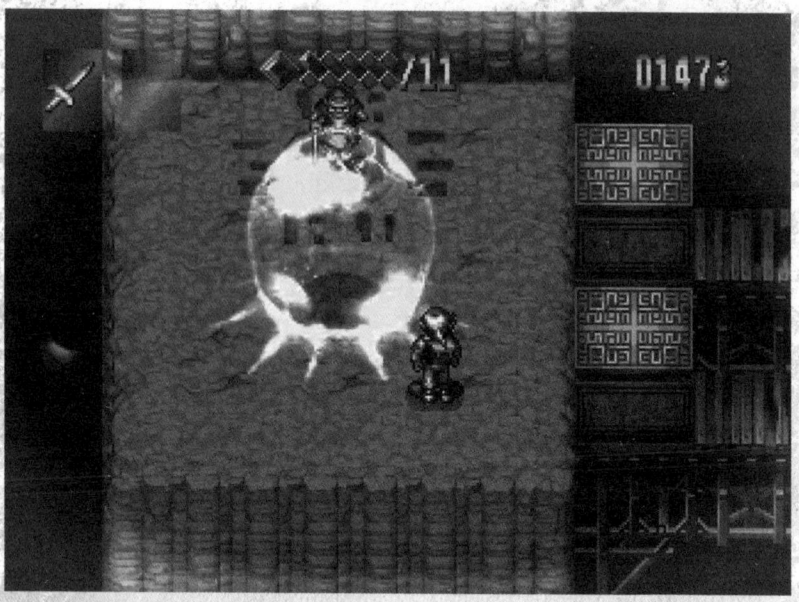

No pude evitar poner una pose de ganador mientras mi mente creaba una música triunfante al mismo tiempo que levantaba mi daga a los cielos. Durante un momento me olvidé de Wendell, la verdad. Pero rápidamente volví a la realidad. Si aquello era real...

—¡Uf! ¡Truenos! ¡Ha sido el mejor manejo de espada que he visto! —dijo Wendell—. Gracias.

De repente, Wendell desapareció de ese lugar como si nunca hubiera estado ahí. Me quedé mirando a mi alrededor, pensando cómo iba a salir yo. Temía lo peor hasta que escuché la voz de Septimus.

—Alundra, ¿me oyes? Wendell ha dejado de estar tenso y ya no se queja. Es más, ¡parece que sonríe! No sé qué has hecho, pero la pesadilla ha terminado.

Fue escuchar las palabras de Septimus y saber que Wendell estaba bien y volví a sentir como mi cuerpo se trasladaba. A los pocos segundos, estaba de nuevo en aquella casa de Inoa.

—¡Has vuelto! —dijo Meade—. Ha sido tan extraño... Cuando entraste en el sueño de Wendell, tu cuerpo flaqueó. Si no te hubiera sujetado, te habrías caído al suelo. Cuando saliste del sueño, tu cuerpo empezó a reanimarse. ¡Era para verlo!

—No hay motivo para preocuparse —añadió Septimus—. Parece que va a ser la norma cuando entre en los sueños de los demás.

En ese instante, Wendell abrió los ojos, nos miró a todos y dejó claro que lo que había sucedido no era casualidad.

—¿Dónde estoy? ¿Qué… qué diablos está pasando? ¿Puede alguien explicarme qué demonios estoy haciendo en la cama a esta hora?

—¿No te acuerdas, padre? Has estado durmiendo durante los últimos tres días, sumido en una terrible pesadilla —dijo Rumi—. Ahora ya estás bien. Te has despertado y lo que es más importante, ¡estás vivo!

—Ahora lo recuerdo. Me perseguía una horrible criatura, el mismísimo diablo. No importaba dónde me escondiera en ese terrible mundo. La bestia me encontraba. Al final me caí al suelo, agotado para continuar esa farsa cruel. Cuando ya estaba encarando mi destino final, vi la cara gloriosa de Alundra… ¡y mi salvación!

—¡El abuelo sabe el nombre de Alundra! —dijo Bergus.

Parecía increíble, pero todos habíamos vivido lo mismo. Había sido real. Y fue imposible no acordarme de Lars. Si lo que me había contado era cierto, ese Melzas podía tener algo que ver con aquellas oscuras pesadillas. En ese momento Septimus sugirió que dejáramos descansar a Wendell en la intimidad de su familia. Así que nos fuimos. Y cuando Septimus me iba a contar todo lo que había averiguado sobre mi clan y mis poderes, Giles nos interrumpió.

Giles nos contó que el canciller Ronan había solicitado una audiencia conmigo y que venía a buscarme para que fuéramos juntos al santuario. Pensé que quizá nos había espiado y sabía ya lo de Wendell. A Septimus le pareció raro que Ronan quisiera verme. El caso es que emplazamos nuestra charla.

Yo ya conocía el camino hasta el santuario, pero Giles se empeñó en hacer de guía. Era una de esas personas que actúan sin dejarte hablar. Cuando llegamos al santuario, debo decir que me impactó mucho. Era grande y solemne. Los grandes cristales de los ventanales resultaban imponentes. Casi tanto como el propio Ronan. Este iba vestido de sacerdote, pero su rostro era más bien poco amigable. Su cara era fácilmente identificable, con unos rasgos faciales muy marcados y una larga melena blanca que apenas ocultaba con su solideo. De nuevo, tenía delante otra persona que prefería hablar a escuchar...

—Sí, lo sé, Alundra. Wendell ha sobrevivido. Los dioses le ofrecieron la salvación de su alma. ¡Recemos a los dioses y démosles gracias por su inmerecida benevolencia!

Wendell se había salvado gracias a mí y a Septimus. Pero... ¿quién era yo para juzgar la fe de la gente del pueblo que me había acogido? Así pues, nos pusimos a rezar...

—¿Lo ves? Los dioses existen. Existen en los corazones y en las mentes de los que rezan con fe —dijo Ronan.

—¡Ahora... estás con nosotros mi amigo! Deberás ser solo como nosotros... ¡ni mejor ni peor! —añadió Giles.

No sabía muy bien qué decir, así que sonreí, me despedí y me fui del santuario ante la atenta mirada de Ronan. En cuestión de minutos volvía a estar en casa de Septimus, que me estaba esperando en la puerta.

—Alundra. Tengo noticias que darte. Wendell no está solo en sus desdichados sueños malditos. Hay una chica llamada Sybill, que sueña aunque esté despierta. Dice que sus sueños son premonitorios.

En ese momento me acordé del mal presentimiento de Sybill. Pero... si Wendell había sobrevivido, ¿qué más podía pasar?

—Nadia es otra —siguió hablando Septimus—. Mientras duerme, suceden cosas extrañas... ¡Objetos cercanos explotan como si tuvieran dinamita! No ha dormido durante días y está al borde de la locura.

Ya conocía los hechos que me estaba contando Septimus, pero estaba claro que él era una persona inteligente. De esas que se dan cuenta de absolutamente todo lo que ocurre a su alrededor. Además, tenía muchos conocimientos por todos los libros que había leído. Y decidió compartirlos conmigo.

—Vine aquí hace tres largos años. He oído historias de un pueblo maldecido por sucesos misteriosos. Creía que podría descubrir el origen de esa locura... Pero todo lo que he descubierto hasta ahora son los límites de mi poder.

»Pero ahora que has venido, todo cambia. Tienes el poder para detener las pesadillas, Alundra. He presenciado tu fuerza al combatir el mal y te envidio. Con tu poder y mi conocimiento... podremos salvar a la buena gente de Inoa. Podemos encontrar el origen de las maléficas pesadillas y desterrarlas a la prisión eterna de la historia.

Su discurso me emocionó. Y cuando me disponía a darle un abrazo, de repente toda la habitación tembló. Todos los libros se cayeron de las estanterías. Y cuando la tierra dejó de temblar, ambos nos asomamos a la ventana. Enseguida vimos que la mina de carbón se había derrumbado.

Salimos rápidamente al exterior para ver si había heridos. Otros muchos habían hecho lo mismo. Incluso Nadia estaba ahí. La pobre temía ser acusada de haber vuelto a provocar una explosión con uno de sus sueños. Pero era evidente que se trataba de un asunto más grave.

Yuri nos contó que Olen había sido el único minero que había vuelto a Inoa con vida tras el incidente. Pero también afirmó que se encontraba en un estado grave de salud. Estaba descansando en casa del alcalde, a la que muchos habían acudido. Entre ellos el canciller Ronan, que no daba crédito a lo sucedido. Yustel, también presente, temía que si nadie lo ayudaba Olen no pasaría de aquella noche. Todos estaban paralizados de miedo. Por suerte, Septimus vino con buenas noticias. Según le había contado Kline, Olen había susurrado la palabra Murgg antes de caer inconsciente.

Beaumont dijo que los Murgg no atacan a los humanos, pero Septimus sugirió que quizá el trabajo de la mina había perturbado la paz de su hogar. Lutas, también ahí presente, tomó la palabra.

—¿Puedes imaginarte el horror de Zane y de los otros? Escuchar el ruido del techo a punto de derrumbarse... Tener el tiempo justo para darse cuenta de lo que iba a ocurrir... y después... Enterrados vivos, asfixiados bajo toneladas de tierra húmeda y pungente.

No podía quedarme de brazos cruzados. Así que miré a Septimus y los dos supimos cuál era nuestro deber. Entraría en el subconsciente de Olen para saber qué había ocurrido en la mina. Pero Septimus dijo que había un inconveniente: había descubierto que si una persona moría mientras soñaba, aquel que estuviera dentro de su subconsciente también lo haría. Era un riesgo enorme, pero tenía que correrlo.

Repetí el mismo ritual que con Wendell y entré en la mente de Olen. Una vez dentro, no había duda. Olen estaba teniendo pesadillas, repitiendo una y otra vez aquellos momentos previos al desenlace fatal. Por mi parte, me encontraba en la mina y podía interactuar con todas las personas que ahí se encontraban en ese momento.

Hablé con un tal Jaylen, que era un cerebrito. Él mismo había fabricado una vagoneta que se podía mover por la mina solo con la fuerza del vapor. Por su parte, un tal Lyman me confesó que estaban intentando ampliar el túnel porque estaban convencidos de que al noroeste había toneladas de carbón. Curiosamente, Lyman sabía mi nombre. «¿Cómo era eso posible?», pensé.

En cualquier caso, creí que quizá los Murgg se habían sentido invadidos. También hablé con Olen, que me dio un recado para Zane: quería que arrancara el motor. Cuando se lo pedí, Zane me explicó cómo debía hacerlo. Era tan simple como seguir un patrón con las palancas: izquierda, izquierda, derecha, izquierda. Lo memoricé por si acaso.

Con el motor ya encendido, Olen quiso mostrarme su nueva adquisición. Se trataba de unas bombas de mina que había conseguido. La demostración fue espectacular. Reventó unas piedras que bloqueaban la entrada a una cueva. Lamentablemente, esa entrada también quedó abierta para los Murgg. De repente, aparecieron cuatro monos. Habían cavado un túnel hacia nuestra mina y querían matarnos.

Los derroté rápidamente, consiguiendo un Halcón Dorado al deshacerme del último. Y justo en ese momento, escuché la voz de Septimus. Dijo que Olen estaba malherido y que debía salir pitando por lo que pudiera pasar. Tuve la sensación de que podría haber perdido para siempre ese halcón, por cierto.

De vuelta a la normalidad, conté lo que había ocurrido. Septimus llegó a la conclusión de que el nivel de la mina se había derrumbado por culpa de los Murgg. Beaumont temía que los monos pudieran estar planeando un ataque al pueblo. Pero no tuvimos tiempo de pensar en eso, ya que un grito de Olen resonó por toda la casa. El desenlace que nadie quería ver, se produjo.

Olen dejó de gritar. Movió la cabeza de un lado para otro hasta su último aliento. Olen había fallecido sin que nadie pudiera hacer nada. Aquello fue muy triste. No podía quitarme de la cabeza la imagen de Olen sufriendo. Solo pude camuflar mi sentimiento recordando una melodía melancólica que me calmaba en esos momentos de dolor extremo. De todas formas, no tardé en dejar de ser imprescindible ahí…

—Alundra… ya puedes irte a casa. Estarás agotado después de esta sórdida y terrible experiencia —me dijo Beaumont—. Este penoso asunto ya no es de tu incumbencia.

Sentí mucha impotencia. Supongo que no dejaba de ser un forastero que invadía su intimidad en un momento tan triste. No era de los suyos. En parte, lo entendía, así que bajé la cabeza y me fui.

LA PASIÓN POR CREAR

El único lugar al que podía ir era a casa de Jess. Y cuando entré, me llevé una gran sorpresa. Mi salvador estaba trabajando en la herrería. Lo que me dijo, se me quedó grabado a fuego.

—Alundra, no hace mucho la gente de esta tierra oraba a sus ídolos. Eran representaciones materiales de nuestros dioses. ¡Pero, inesperadamente, el rey decretó la prohibición de todo culto a los ídolos! La gente tuvo que obedecer. Contemplamos llorando la destrucción de nuestras estatuas…

»Por aquel entonces, el palacio en el lago norte estaba sumergido. Hundido más bien. Eso fue hace cinco años, pero parece que fue ayer, ¿me entiendes? Desde entonces, perdimos la pasión por crear. Pero… ¿y si los dioses se enfurecieron y nos arrebataron nuestra pasión? A mí me hace pensar, chico.

»Con o sin dioses, debo recuperar mi pasión, ¿me entiendes? Casi puedo escuchar el espíritu de Olen hablándome… y pidiéndome que fabrique las mejores armas una vez más. O mucho mejor, pidiéndome que ayude en la lucha por esta tierra…

En aquel momento, Jess decidió mostrarme qué es lo que estaba haciendo. Había creado bombas de mina. Para mí.

—Con ellas podrás entrar fácilmente en la mina de carbón. Pero es tan peligroso… mi niño… He aquí el plan. Yo me dirijo a la mina. Veo si es segura y luego a lo mejor te dejo entrar. Quédate aquí, ¿vale? De una manera o de otra, te protegeré.

Y tal cual pronunció esas palabras, se marchó. Debería haberlo obedecido, pero tenía que hacer algo. No sabía si Jaylen, Lyman y Zane seguían con vida. Cogí las bombas y me fui con la intención de entrar en la mina. Sabía que Jess lo entendería y me perdonaría.

La mina estaba al noroeste del pueblo. Por el camino encontré la casa de Olen y decidí entrar por si encontraba alguna pista. No vi nada útil pero hallé un nuevo Halcón Dorado. Volví a sentir que ese halcón era perdible, por cierto. Lo guardé y seguí mi camino.

Mi sorpresa al llegar a la entrada de la mina fue que Jess estaba ahí. Se sorprendió al verme con las bombas, pero cedió y me hizo prometer que si estaba en peligro no me haría el héroe. La verdad es que estaba paralizado de miedo. Kline me vio y me dijo que no debía temer a los Murgg. También dijo que si no entraba para ayudar al resto de mineros, lo haría él mismo. Admiré su valentía y sus palabras me dieron coraje para entrar.

El terremoto había bloqueado la entrada, pero recordé la pesadilla de Olen y decidí emularlo, por lo que reventé las piedras con una bomba. Nada más entrar, reconocí ese lugar gracias al sueño de Olen y encontré rápidamente la sala de motores. Pensé que si lo arrancaba, podría usar la vagoneta que había fabricado Jaylen. Pero la puerta que daba acceso al motor estaba cerrada con llave.

Dentro de la mina encontré nuevos monstruos. Desde unas nuevas gelatinas azules más agresivas y resistentes, que además lanzaban proyectiles, hasta unas tortugas capaces de escupir fuego y con caparazones de pinchos. Eran prácticamente invencibles, pero sentían «debilidad» por las bombas. El caso es que avancé por el único camino disponible hasta dar con Lyman. Estaba en el suelo, rodeado por cuatro Murgg que parecían disfrutar viéndolo sufrir.

—¡Gukiki! ¿Qué te parece esto? ¿Te duele, pelado? ¿Sientes la sangre? —dijo uno de ellos.

—¡Gukiki! ¡Aplastad a los pelados! ¡Matadlos a todos! —gritó otro.

Lyman gritaba de dolor, pero me vio y pidió ayuda. Me deshice de los Murgg y corrí hacia Lyman. Todavía estaba vivo.

—Alundra. Eres un gran guerrero con un buen… corazón. Escucha, no me queda tiempo en este despiadado mundo… Toma esto, es la llave de acceso a la sala de energía. Jaylen y Zane aún están por aquí. ¡Ayúdales! ¡Por favor!

Esas fueron sus últimas palabras antes de fallecer en mis brazos. Estaba harto de llegar tarde. Pero no había tiempo para lamentaciones. Con la llave pude acceder al motor principal. Por suerte, recordé la combinación de las palancas que me había revelado Zane. Tú también deberías. ¡No vale mirar unas páginas atrás!

Cuando monté en la vagoneta, me sorprendió su velocidad. Era capaz de abrirse camino destrozando rocas. Y después de varias vueltas, cambié la dirección de las vías. Eso me llevó a encontrar a Jaylen. Desgraciadamente, estaba herido de muerte. Otra vez tarde… Exactamente igual que cuando encontré el cuerpo de Zane, medio oculto por el agua en una zona inundada. Estaba muerto. De su boca salía un hilillo de sangre y tenía los dedos arrugados como un ciruelo. Me temblaban las manos. No había logrado salvar a ninguno de los mineros. Lo único que podía hacer era averiguar cómo habían llegado los Murgg.

Decidido a descubrir la verdad, seguí avanzando por la mina. Y por el camino arriesgué mi vida con algunos saltos imposibles para llegar hasta un cofre que escondía otro Halcón Dorado. Finalmente, acabé encontrando un ascensor que me llevó a mi destino. Pero también me esperaba una gran sorpresa abajo. Había decenas de Murgg. Y estaban acompañados del que parecía ser su líder. Era una especie de gorila gigante, muy fuerte y con un pelaje blanco espectacular. Se dirigieron a él como Zazan. Lo más extraño de todo es que sus ojos parecían estar inyectados en sangre. Era un plan suicida enfrentarme a él, así que me escondí para espiarlos.

—¿Qué? ¿No habéis encontrado ningún Emblema aquí? —dijo Zazan—. ¡Gukiki! ¡Lord Melzas ha ordenado encontrar los siete Emblemas ¡Siete! Y solo habéis conseguido dos. No volváis hasta encontrar el resto.

Tras pronunciar esas palabras, Zazan golpeó su propio pecho con fuerza y se fue con un movimiento tan peculiar como aterrador. Extendió sus brazos y se movió hacia delante mientras giraba sobre sí mismo, prácticamente convirtiéndose en un tornado. No habría tenido ninguna posibilidad contra él, pero sí despaché al resto de Murgg cuando Zazan se marchó.

No había duda: los Murgg trabajaban para Melzas. Lo que no entendí muy bien fue lo de los Emblemas. Desde ahí, salí al exterior de la mina. Estaba claro que los Murgg habían cavado un túnel ya que, desde lo alto de una pequeña torre, pude ver sus tierras. Vivían en una estructura gigantesca de madera construida alrededor del árbol más grande que había visto jamás. Ya sabía lo que necesitaba, así que

volví sobre mis pasos. Unos metros más adelante aparecieron Kline, Jess y Meade.

Me contaron que Lutas y el resto habían ido a buscarme dentro de la mina. Y habían encontrado a Zane y a los demás sin vida. Al menos habían podido recuperar sus cuerpos. Cuando se fueron, tomé el camino de vuelta a Inoa. Nada más llegar, vi a Nadia espiando a Bonaire desde la puerta exterior de la casa. No me vio, pero pude escuchar cómo profesaba su amor por el joven. Después pasé por delante de la casa de Gustav. Ahí estaba Meade, quien me reveló que la mujer de Gustav lo había dejado por un minero. Desde fuera se escuchaban los gritos de Gustav. Decía que ojalá se hubieran muerto todos los mineros en el accidente. A pesar de todo, comprendía su dolor.

En casa de Jess me encontré otra sorpresa. Delante de la puerta me esperaba Sierra. Me pidió que fuera a ver a su hija, que había estado preguntando por mí. Le hice caso, ya que me preocupaban sus visiones tanto como a ella. Una vez ahí, Sybill me dijo que siempre soñaba despierta. Y que siempre se cumplían sus sueños. También remarcó que no eran sueños normales, sino cosas terribles. Después me pidió que cogiera su mano. Creía que podríamos conectarnos para que yo viera el sueño que estaba teniendo en ese mismo instante.

Funcionó. Tuve la misma sensación que cuando había entrado en el subconsciente de otros. Pero solo era algo visual, como si compartiéramos el sueño. Ahí dentro podía ver el pueblo de Inoa. Vi a Kline, dando vueltas como un loco y corriendo por la plaza. Se escuchaban los gritos de algo que parecía ser un lobo. De repente, Kline se paró…

—¡Huye de aquí, bestia! O te mataré.

Después se escuchó otro grito de lobo y, de repente, Kline se había convertido en un hombre lobo. Su aspecto era aterrador. Parecía real y el hedor que desprendía era nauseabundo. Aquello duró poco ya que el escenario de aquel sueño cambió. Entonces volví a ver la casa de los Murgg. Vi a Zazan en lo alto de aquel árbol junto a Melzas. También pude ver cómo Bergus (o Nestus, vaya lío) estaba cautivo en una prisión de aquel árbol… Inmediatamente después, la imagen se esfumó y Sybill me pidió ayuda. Dijo que los sueños se cumplirían pronto. La tranquilicé y me fui. Estaba preocupado, pero de momento no había indicios de que nada de eso fuera real. Demasiadas cosas raras habían pasado ya.

El caso es que me fui corriendo a casa de Jess. Intenté dormir en la cama que este había preparado para mí. Pero no podía conciliar el sueño, así que bajé a hablar con él. Había preparado un ramo de rosas para rendirle tributo a su amigo Olen en el cementerio. Jess me pidió que las llevara yo. También me advirtió que tuviera cuidado, que corrían rumores de una criatura vista cerca del cementerio.

No le di importancia y fui rápidamente al cementerio. Pensé que podría hallar algo de paz si rezaba por los amigos caídos. Una vez allí, vi las tumbas de Jaylen, Lyman y Zane. Todas ellas ya tenían flores; solo faltaban las de Olen. Leí la lápida y no había duda. Ponía «Olen. Querido por todos. Temido por nadie». Dejé las flores y recé en silencio. Estaba totalmente concentrado en mi tarea cuando escuché una voz reconocible. Era la voz de Lars. ¡Y venía de ahí!

—Libertador… Libertador. ¡Acércate a la última morada de las valientes almas que han llegado antes!

Seguí la voz y llegué a una roca que desprendía un halo de luz azulada muy resplandeciente. De repente, la tierra se abrió y se tragó aquella roca, dejando a la vista la entrada de una cripta. ¿Era posible que fuera Lars? Pensé. Teóricamente lo había matado Melzas…

EL PRIMER GUARDIÁN

A pesar de las dudas, entré y descubrí que, en efecto, estaba en una cripta. Dentro sonaba una música relajante pero también algo triste. Muy coherente con la inscripción que había en una placa de la entrada. «Todos los que murieron por los demás serán recordados eternamente en este lugar», rezaba. Decidí avanzar y delante de mis narices apareció lo que parecía ser el espíritu de un santo. Ver para creer.

Aquel santo dijo que debía ir a la cámara inferior y rendirle tributo al resto de santos para avanzar. Primero pensé que sería fácil. Pero luego me di cuenta de que me tendría que enfrentar a un reto intelectual sin igual. Al leer las inscripciones de unos altares situados en esa cámara inferior, los santos aparecían y me hablaban de sus compañeros. Al principio no entendía nada, pero luego me di cuenta de que me daban pistas sobre sus rangos. Por ejemplo, el santo blanco decía que sus enseñanzas eran superiores a las de cualquier doctrina. Ese rango era fácil, pero os puedo garantizar que interpretar al resto era complicado.

El objetivo era determinar el orden correcto para presentarles mis respetos debidamente. ¡Al final lo conseguí! En la siguiente habitación, leí la inscripción de otra placa. Y el grito que salió de mis cuerdas vocales todavía resuena en la cripta. Literalmente, la inscripción decía «Aquí descansa Alundra». Después de leerla, aparecieron unos monstruos aterradores que nunca antes había visto.

Por un lado, había una especie de muertos vivientes capaces de atacar con mucha rapidez. Se movían de forma torpe, para que me confiara. Pero, de repente, gritaban e intentaban embestir a gran velocidad. También vi unos monstruos que parecían la mismísima Muerte, guadaña incluida. Aquellos esqueletos se volvían invisibles por momentos, pero su garfio segador siempre estaba a la vista. Casi muero aquel día.

La cripta era un lugar lleno de acertijos complicados y trampas aterradoras. Como aquellas cintas transportadoras que, a veces me tiraban al vacío. Y abajo me esperaban más muertos vivientes en una zona inundada en la que me sentía más lento que una tortuga. Por suerte, en una de esas zonas subterráneas conseguí un nuevo Halcón Dorado.

Finalmente llegué a un callejón sin salida. La música desapareció y escuché de nuevo la voz de Lars. Estaba cerca.

—Has respondido a la indignación de mi alma torturada. Ahora veremos si de verdad posees el poder del Libertador.

Después apareció una momia gigante. Estaba hecha de piedra, como si alguien la hubiera moldeado y le hubiera dado vida

por arte de magia. Apenas pude admirarla que ya me estaba atacando. No era muy rápida, pero cuando golpeaba el suelo con sus enormes manos, caían piedras gigantes. Atacar con la daga era muy arriesgado, así que decidí hacerlo con bom-

bas, aprovechando sus lentos movimientos. Funcionó de maravilla y lo vencí.

Casi muero en el intento, así que celebré el triunfo con mi pose de victoria. Luego tocaba bautizar aquel monstruo. Pensé que podría llamarle el «Viejo Guardián». Todavía estaba saboreando la victoria cuando se abrió ante mí una última sala. Al entrar, la reconocí en el acto. Era la habitación desde la que Lars me había hablado en mis sueños. Y él estaba ahí, físicamente.

—He visto tu poder interior. No he visto a nadie con tanto poder en millones de años. Debo revelarte la verdad, valiente. Soy Lars, uno de los siete guardianes de esta tierra.

»Soy el sabio con la tarea de custodiar la verdad absoluta en este universo. Tú, valiente, tienes el poder de un Libertador. Como tal, tu destino es destruir a Melzas. Ese maldito intenta moldear el mundo a su imagen y maléfica semejanza. Incluso ahora, ordena a los Murgg que le ayuden a retornar a la realidad. Escúchame bien, Libertador… Debes usar los siete Emblemas sagrados para romper el sello y eliminar a Melzas. Eres ciertamente digno de conocer mi secreto.

Entonces, Lars me dio el pergamino de tierra y una semilla mágica. Según dijo, ambos objetos me permitirían utilizar magia. Además, el santo me confió su Emblema y dijo que sería mi próxima tarea recuperar los seis restantes antes que los Murgg. Dijo que si los conseguía todos, podría romper un sello para debilitar a Melzas. Finalmente, dijo que me devolvería al mundo de los vivos al partir. ¿Estaba o no vivo Lars? En aquel momento tuve más dudas todavía.

Después, sentí un extraño vacío mental y me encontré de nuevo en el cementerio. Pude ver cómo aquella roca de la entrada a la cripta volvía a su puesto original. Era la prueba de que había vivido algo real. Pero estaba agotado, así que volví a Inoa para dormir un poco. Cuando me desperté, Jess me dijo que Nadia y Bonaire habían enfermado y que Inoa estaba maldita. Incluso en un momento así, Jess no perdía su particular sentido del humor.

—Te deberías haber bañado en otra playa, ¿me entiendes? —me dijo.

Aprovechando que estaba fresco como una rosa, me fui corriendo a casa de Nadia. Cuando llegué, vi que Nadia estaba en su cama, con un montón de personas a su alrededor. Rumi dijo que esta no había podido dormir en seis días. La pobre había intentado no dormirse para que nadie sufriera daños en una de aquellas explosiones misteriosas que provocaba. Pero finalmente había caído presa del sueño. Por su parte, Kisha me dijo que su hermano Giles se había encerrado en casa para rezar. Pero no tenía claro que funcionara…

—Si no escucharon sus súplicas antes, ¿por qué iban a hacerlo ahora? —dijo desilusionada.

Kisha empezaba a cuestionar su fe. Por otra parte, Septimus me dijo que había llegado en el momento justo y que yo era el único que podía ayudar a Nadia. Pero, una vez más, fuimos testigos de una importante sacudida. Parecía una explosión. Entonces llegó a escena Fein, justo a tiempo para contarnos qué había pasado.

—¡Malas noticias! Yuri me acaba de decir que la casa de Olen se ha hecho añicos. Nadia se habrá quedado dormida…

—Debemos encontrar una forma de detener esta racha de destrucción —comentó Septimus.

Entonces Nadia abrió los ojos y todos nos giramos para mirarla.

—Uh… Me he debido dormir. ¡Maldición! Siento mucho haberos puesto en peligro.

—No, no. No es tu culpa. No puedes controlarlo —le contestó Rumi.

En ese momento vimos cómo la cara de Nadia se estaba volviendo cada vez más pálida. Septimus sugirió que entrara en su pesadilla o la perderíamos. Pero ella aseguró estar despierta y me rogó que le contara a Bonaire lo que sentía por él. No pensaba volver a dormir hasta que lo hiciera. Incluso me pidió que lo trajera ahí.

No sabía cómo reaccionar, pero no podía dejar que Nadia sufriera más, así que fui a buscar a Bonaire. Lamentablemente, las cosas no estaban mucho mejor ahí. Bonaire estaba todavía más pálido. El propio Ronan, ahí presente, estaba visiblemente preocupado. El chaval seguía mencionando a una tal Sara sin parar. Decía que Sara era la única persona que había amado. Hablaba dormido.

LAS APARIENCIAS ENGAÑAN

Todos me pidieron que entrara en su pesadilla para salvarlo. Así que lo hice. Además, le había prometido a Nadia regresar con su amado. No tardé ni dos segundos en estar en ese otro mundo, pues ya me había acostumbrado a mis poderes. Sin embargo, la pesadilla de Bonaire era mucho más terrorífica que la de Wendell. Había estatuas de demonios por todas partes.

En ese instante, delante de mí, aparecieron Bonaire y una chica rubia con una larga melena y ojos azules. Era el típico prototipo de los cuentos de hadas, con un rostro fino y prácticamente perfecto. Bonaire estaba completamente obsesionado con su belleza y se dirigió a ella como Sara. Parecía una chica normal, pero ocultaba algo…

—Aquí estoy, dios griego. Ven a mí, Bonaire. ¡No tardes!

De repente, ambos desaparecieron y un bloque de metal con inscripciones y grabados que no comprendía bloqueó el camino. Después de investigar un poco, descubrí la estatua de un dragón. Tenía un orbe morado que podía activar. Al golpear el orbe, ese bloque que impedía el paso se había vuelto invisible. De hecho, cada vez que lo hacía, los bloques visibles se hacían invisibles y al revés. Rojos o azules, eso era lo que importaba de aquellos grabados.

Avanzar por el laberinto con esas reglas no fue fácil. Más adelante, llegué a una sala en la que pude escuchar una nueva conversación de Bonaire y Sara pegando la oreja en la pared.

—Sara. ¡Oh, Sara! ¿Dónde estabas? ¡Tírame un hueso, aquí!

Para él, aquello era una especie de juego sexual. Y a Sara parecía gustarle.

—¿Estás intentando llevarme a algún lugar? —le preguntó él a ella.

—Sí, así es, ricura. Te llevaré hasta las puertas del paraíso del placer. Cruza esa puerta, mi bombón. Ya casi llegamos.

Nuevamente, desaparecieron. O al menos, dejé de escucharlos. Pronto llegué a esa habitación contigua, en la que todavía podía oler el perfume de Sara. Ahí encontré otro Halcón Dorado. Y al salir al exterior los encontré a ellos.

—¡Apresúrate, mi querido Bonaire! ¡Alguien quiere arrebatarte de mí!

—¡Eso jamás ocurrirá! ¡Nadie puede separarnos, Sara!

—Ya estamos cerca. Unos pasos más hasta que unamos nuestros lazos y fundamos nuestros cuerpos, mi amado Bonaire.

Él la siguió hasta la siguiente estancia mientras yo corría hacia ellos en el puente. Pero, en un abrir y cerrar de ojos, Sara apareció ante mí, cortándome el paso.

—¡Puedo convertir tu vida en un infierno! ¡Soy inmortal! Peor todavía… ¡estoy furiosa! Nadie se burla de Sara y vive para contarlo. Veamos qué haces contra mis espectros.

Tenía experiencia de sobra con aquellos tipos, así que me deshice de todos y continué persiguiendo a Sara. Lo que vi al llegar a mi objetivo, todavía escapa a mi imaginación.

—Ven aquí, correolas. Serás un delicioso bocado —le dijo Sara a Bonaire.

Mi amigo estaba completamente atado a una pared, a punto de ser devorado. No perdí ni un segundo y me acerqué, quedando a escasos centímetros de Sara. Estaba dispuesto a pelear.

—Me alegra que hayas venido. No creo que un niño correolas tenga suficiente carne para satisfacer mi apetito. Pero llegas tarde, imbécil. ¡Bonaire es mío! Ríndete y te perdonaré la vida. Serás mi esclavo de amor… Por desgracia, cuando me canse de ti, tendré que devorarte igualmente.

Apenas había desenfundado mi arma, y Sara se había convertido en un monstruo horrendo. Su aspecto físico era totalmente contrario a la chica atractiva de antes. Más bien se trataba de una gárgola fea, enorme y viscosa. No dejé que el miedo se apoderara de mí y la ataqué con todas mis fuerzas. Sara podía desaparecer y aparecer a su antojo. Además, lanzaba bolas de energía que surgían de unos agujeros negros que podía abrir a su voluntad. Incluso creaba clones para confundirme y me rodeaba con todos ellos. Si golpeaba al que no era, simplemente desaparecía. Mientras que si le daba a ella, su grito de dolor delataba su auténtica identidad.

Tuve que utilizar mi técnica especial de derrapes para salir airoso del combate, pero finalmente lo logré. Sara había sido aniquilada.

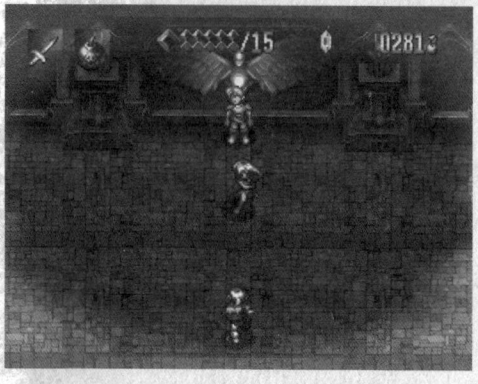 Y Bonaire estaba a salvo. Cuando fui a rescatarle... Sara volvió a aparecer en su forma humana. Todavía no había muerto...

—No me revolcaré en mi inmundicia a solas, ¡oh, no! —dijo mirando a Bonaire—. Robaré el alma de alguien que te ame perfecta y totalmente. ¡Cuando te des cuenta de tus sentimientos, ella ya habrá desaparecido!

Después, Sara gritó de dolor y desapareció para siempre. Estábamos a salvo, así que salí del sueño de Bonaire. De vuelta a Inoa, expliqué la situación y Ronan sugirió que debíamos darle las gracias a los dioses. Entonces, Bonaire abrió los ojos y celebró que Sara ya no existiera.

Nos contó que la apariencia de Sara era producto de sus propios deseos, pero se había convertido en algo real. ¿Estaría provocando Melzas aquellas pesadillas usando nuestros propios miedos? Pensé. En ese momento Bonaire se levantó de la cama y me puso la mano en el hombro.

—Alundra, gracias. Pero todavía tenemos un problema complicado. Cuando Sara estaba a punto de morir, dijo que robaría el alma de un bombón. Una belleza de la que me enamoraría. Creo que es Nadia. La he visto un par de veces espiándome.

Me alegró ver que estábamos a tiempo de juntarlos para siempre. Pero, como de costumbre, alguien llegó con malas noticias... Fue Septimus.

—Lamento decir esto, Bonaire. Acertaste en todo. Ya fuera por Sara… o porque ella no podía vivir sin su maldición… Nadia cerró los ojos y no los volvió a abrir.

No me lo podía creer. Primero Olen y los mineros. Y ahora Nadia. Había salvado a Bonaire, sí. ¿Pero a qué precio? Nadia se había ido sin saber que Bonaire le podía corresponder. Sybill me había advertido de Kline y de otros sucesos, pero nunca me había hablado de Nadia. Sentí tanta impotencia, que me fui a casa de Jess sin mirar atrás.

A pesar de todo, aquella noche pude dormir. Estaba exhausto de tantas aventuras. A la mañana siguiente, me desperté muy temprano. Aunque realmente me despertaron el gallo y el ruido que había abajo. Jess había estado trabajando de nuevo en la herrería. Había creado una nueva arma: el látigo de hierro. Un látigo que tenía una bola de hierro enganchada en la punta. Jess quiso dármela.

—Cada vez que alguien muere, Alundra, me viene a la cabeza la idea de otra arma. ¡Nunca he sufrido tanta culpabilidad en mi vida! Todo lo que puedo pensar es que estas armas son un regalo de inspiración de los que han muerto en esta terrible plaga.

Era egoísta pensar que esas muertes habían servido para obtener armas más poderosas. Pero dada la situación, cualquier ayuda sería fundamental. Me despedí de Jess y salí a dar una vuelta por el pueblo. Quería ver cómo estaban las cosas. Hablé con Meade, que me contó que el árbol que bloqueaba el puente del río Rahl, en dirección al desierto, había desaparecido. Él pensaba que se trataba de un cebo de los Murgg para pillarnos desprevenidos. Sin embargo, el alcalde Beaumont tenía una idea distinta; estaba convencido de que el árbol había desaparecido por obra de una de las explosiones de Nadia.

Al pensar en la recién fallecida, decidí visitar a Myra, para ver cómo estaba. Aunque quizá debería haberlo evitado. La abuela de Nadia me culpaba del incidente. Me dolía, pero en parte tenía razón. Quizá debería haberla salvado a ella y no a Bonaire. Pero intenté respetar sus últimos deseos. Para más inri, Bonaire también se culpaba a sí mismo.

Ese día también hablé con Yuri. Me contó que la desaparición de aquel árbol en el puente del río Rahl había desbloqueado el camino hacia el Acantilado de la Locura. Según él, cerca vivía el dueño de una tienda de herramientas. Yuri confesó que ese hombre había sido como un padre para él cuando era joven.

Por otra parte, seguía preocupado por los sueños de Sybill, así que visité a Kline. Por suerte, se encontraba perfectamente. Además, dijo sentir admiración hacia mí por todo lo que había hecho. Incluso dijo que veía eso reflejado en Jess, que había empezado a hablar de mí como si fuera su hijo.

Antes de irme de Inoa, Sierra me encontró y me dijo que su hija seguía hablando de mí. Así que la visité. Sybill aseguraba que me veía en el desierto y que una vez ahí, acabaría entrando en un gran santuario si me dejaba llevar por el viento. No lo entendí muy bien, pero ya que el desierto estaba cerca del Acantilado de la Locura y la tienda de herramientas, pensé que a lo mejor me pasaría por ahí. Quizá encontraría algo útil por si volvían las pesadillas a Inoa.

De camino al puente, mi nueva arma resultó ser muy útil. Con el látigo pude destrozar algunas rocas que mi daga no podía romper. Y cerca de la playa encontré otro Halcón Dorado. También logré acceder a una cueva de la mina, cerca de la entrada principal. Desde ahí, salté desde una altura considerable para colarme en una casa abandonada a través de la chimenea. ¡No miento! Dentro encontré otro Halcón Dorado.

Cuando llegué a la casa de Tarn, vi con mis propios ojos que el árbol gigantesco que bloqueaba el puente ya no estaba. Y además, el camino abierto me permitió encontrar otro Halcón Dorado, al norte y cerca del molinillo. Al sur, se encontraba el famoso Acantilado de la Locura. El paisaje era precioso y unas bonitas hojas caían como si de lluvia se tratara. Pero cuando vi ese sendero lleno de abismos, me asusté. El cartel tampoco era muy esperanzador. «Solo montañeros expertos», decía.

Cerca de ahí estaba la herrería de la que me había hablado Yuri. El tendero, de nombre Lurvy, era un tío peculiar. Parecía estar haciendo cosas extrañas en la trastienda. Le compré una armadura de cuero chulísima y me fui. Pero quería saber qué ocultaba, así que escalé un poco el acantilado y salté por la chimenea. Sí, querido amigo, era la segunda vez y me empezaba a gustar.

Al caer en la parte de atrás de la tienda, no sé quién estaba más sorprendido, si él o yo. Lurvy había estado recopilando chatarra para fabricar las herramientas que vendía. Quiso hacer un trato; si yo no decía nada, él repararía mi equipo gratis siempre que quisiera. Me pareció justo. Cerramos el trato y volví al acantilado. Tocaría subirlo hasta la cima para llegar al desierto. Y no fue fácil, ya que tuve que medir muy bien cada salto.

Cuando llegué a la cima, el clima había cambiado por completo. El viento era fuerte y venía acompañado de una arena muy fina que golpeaba mi cara con fuerza. Había llegado al Desierto de la Desolación. Un nombre muy apropiado, como el del acantilado previo. Prácticamente loco y desolado me hallaba yo. Y no ayudaba ver los esqueletos de cuerpos humanos, esparcidos por la arena.

Empecé a investigar el lugar, aunque mis movimientos eran lentos y toscos, ya que no disponía del calzado correcto para la arena. De hecho, apenas podía saltar. Además, el calor era insoportable y me esperaban monstruos tan atroces como orcos equipados con mazos o gusanos de tierra capaces de ocultarse debajo de la arena para atacar en el momento justo.

Por aquella zona encontré otro Halcón Dorado. Más tarde, encontré una capa muy extraña en una cueva. Cuando me la puse, descubrí que era una capa mágica. Me permitía esconderme debajo de la arena y moverme por dentro sin miedo a perder la respiración. Pero empezaba a estar cansado, así que decidí sentarme en una especie de altar. Para mi sorpresa, en ese momento se formaron dos tornados de arena que se abalanzaron hacia mí. Me lanzaron con fuerza hacia el exterior. Sobreviví de milagro, aunque me había perdido. El viento ahí era más fuerte y la arena apenas me dejaba ver.

Además, algo extraño estaba pasando. A medida que avanzaba, volvía al punto de partida. Déjate guiar por el viento, me había dicho Sybill. ¿Y si era literal? En efecto, seguí la misma dirección que el viento y acabé llegando a una bonita Ermita. De nuevo, el clima había cambiado radicalmente. En ese momento llovía a cántaros.

Entré convencido de que la visión de Sybill era auténtica. La ermita por dentro era preciosa, aunque no me pareció muy amigable cuando encontré otro esqueleto humano con los huesos esparcidos en el suelo. ¡Y era capaz de hablar!

LA ERMITA SAGRADA

El esqueleto me preguntó si era de verdad el que buscaba el camino de la salvación. Yo le contesté que sí y me dijo que, para probarlo, debía mostrar mi determinación a los guardianes de aquel lugar sagrado. La ermita sería otra prueba de fuego para mí. Estaba llena de peligros y, para rematar, la arena dificultaba mucho mis movimientos y saltos. Pensé en Olen, Nadia y compañía y saqué fuerzas para continuar.

Uno de los rompecabezas de ahí dentro consistía en unas placas en el suelo que tenían dibujadas diferentes figuras: un sol, una luna, una estrella y una gota de agua. A mi alrededor, había piezas con esas mismas formas. El caso es que las piezas nunca estaban fácilmente a mi alcance. A veces estaban ocultas, en ocasiones tenía un tiempo estipulado para resolver el rompecabezas; incluso tuve que utilizar algunas piezas para crear escaleras y llegar a otras. Sin olvidar los acertijos de este tipo que venían en forma de adivinanza. Era brillante la forma en que la ermita había logrado ponerme a prueba con un mismo juego presentado de múltiples formas.

Tampoco lo pusieron fácil las momias que encontré en aquella ermita. Tenían un gancho como mano y lo podían lanzar a gran distancia. Eran lentas, pero también resistentes y podían bloquear mis ataques. Lo mejor era derrotarlas con bombas en el momento justo.

Por suerte, poco a poco fui encontrando unas estatuas que, según me acercaba, me hablaban. Eran esos guardianes que decía el esqueleto. Y no tardé mucho en demostrar mi valía con todos ellos. Cerca de una de ellas encontré otro Halcón Dorado. Después, informé al guardián inicial sobre mis logros. Y este abrió un nuevo camino, quitando de en medio un altar.

Al cabo de un rato, acabé encontrando la sala del trono. Dentro había nueve sacerdotes esperándome. Hablé con el que parecía ser el más importante.

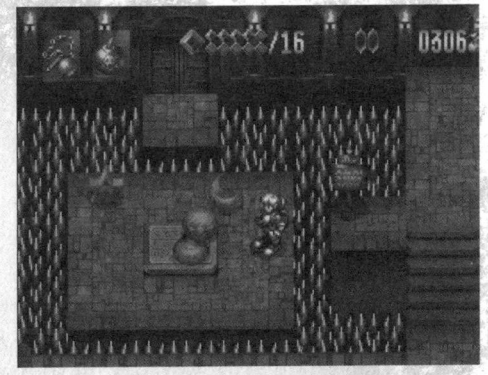

—Has demostrado tu coraje viniendo aquí, Libertador. Pero solo con coraje no se consigue la salvación. También debes ser un guerrero fuerte. ¡Te enfrentarás a una prueba de fortaleza! ¡Ruego para que seas lo bastante fuerte y lo consigas!

De repente, el sacerdote alzó su brazo y empezó a cantar. En un santiamén, el resto de sacerdotes se convirtieron en aquellas poderosas momias que tanto me habían hecho sudar. No obstante, en aquella ocasión fue fácil deshacerme de ellas gracias al pergamino de tierra. Superé la prueba y el sacerdote principal cambió su discurso…

—Mereces realmente el poder que posees. Tu coraje no quedará sin recompensa —dijo.

El sacerdote me regaló unas botas largas y una espada espectacular. Por fin había dejado atrás mi pequeña daga. En cuanto a las botas, eran ideales para caminar por la arena. Y eso me sirvió para explorar mejor el desierto antes de regresar a Inoa.

De esa forma conseguí un nuevo Halcón Dorado. Además, también exploré unas ruinas antiguas al norte del desierto. Ahí vi unos seres diminutos que hablaban de proteger a un tal Lord Nirude. Al verme, me tomaron como una amenaza y me bloquearon el acceso. Antes de eso, no obstante, ya había logrado entrar en una sala de las ruinas para obtener un nuevo Halcón Dorado gracias a un barril y a mi endiablada velocidad. Las botas también me permitieron llegar a unas tierras al oeste del desierto en las que encontré otro Halcón Dorado, cerca de una mansión cuya entrada estaba bloqueada.

Decidí volver a Inoa pasando por la playa. Y en mi ruta acabé encontrando un local llamado «El Medallón». Aluciné cuando vi que Merrick era el dueño de la tienda. El capitán había sobrevivido al naufragio y me contó que había invertido todos los tesoros encontrados durante años en esa tienda. Quería cambiar de vida. Aunque dejé de sentir pena por él cuando vi que no había cambiado en absoluto: todo lo que vendía costaba diez mil gilders. Ni el señor Tarn podía pagar eso.

También pasé por el Bar Riviera, que acababa de ser inaugurado. Aunque me arrepentí a los pocos minutos. Estaba lleno de marineros del clan de los Klark. Estaban borrachos y me invitaron amablemente a salir. Llegaron a mencionar algo de un casino al que no me dejaron acceder. El tío que servía la cerveza en la barra tenía un parecido muy sospechoso con Jess, por cierto. Pero no podía ser él.

Cuando llegué a Inoa, me estaba esperando Giles. Por lo que me dijo, pensé que se estaba volviendo loco.

—Desde que llegaste, muchos han perecido. ¿Pura coincidencia, Alundra? No, es una maldición que nos cayó desde que llegaste. ¡Eres el ángel de la muerte! ¡Devorador de almas! ¡Márchate!

Me dolió, pero me tranquilizó ver que solamente él pensaba eso. Bueno, excepto Myra, que seguía culpándome de lo sucedido con Nadia. Dijo que deseaba mi muerte con el castigo reservado para el peor de los pecadores. Por alguna razón, sus palabras no me hirieron, así como las de Giles. Ella había perdido a su nieta. No quiero ni pensar lo que es eso.

También me dejó preocupado descubrir que la gente de Inoa temía dormirse. Sin ir más lejos, Fein confesó estar tomando café a todas horas por miedo a caer en una de esas terribles pesadillas. Por suerte, nada más llegar a casa de Jess, este me consoló. Dijo que pasara lo que pasara, él siempre iba a estar de mi lado. No sé ni si me merecía el cariño que me estaba dando.

Descansé un rato y seguí hablando con la gente de Inoa. Wendell me habló de una antigua ermita situada en una cueva de la playa. Decidí preguntarle a Yustel sobre el tema. Sacó a relucir su bola de cristal y me aseguró que un sabio me esperaba en esa cueva. No tuve dudas. Si hablaban de un sabio, quizá sería uno de los guardianes. Y necesitaba encontrar más Emblemas. Me fui pitando de ahí y no tardé en llegar a la playa. La marea había bajado y pude encontrar fácilmente una cueva. Cuando entré, supe enseguida que nuevos peligros me aguardaban.

USANDO EL LÁTIGO

Aquella cueva estaba llena de rocas que podía romper con el látigo de hierro. Pero no estaban puestas de cualquier forma; el objetivo era romperlas de tal manera que pudiera moldear escaleras para acceder a lugares más altos. A veces, simplemente ocultaban puertas. Por otra parte, aquella mazmorra también estaba plagada de zonas con aguas profundas. Y mi gran problema es que no sabía nadar. Por suerte, en esa cueva encontré unas botas mágicas. Las bauticé como botas de tritón, ya que evitaban que me hundiera y pudiera ahogarme.

Gracias a ellas, seguí avanzando y llegué a un reto muy original. Encontré unos bloques de piedra que sujetaban unas bolas gigantes que giraban constantemente. Eran un peligro por sí mismas, pero también eran la forma de avanzar. Debía romper los bloques para que las bolas salieran despedidas hacia el punto exacto para crear puentes. Un reto tan brillante como complicado. Como recompensa, no tardé en encontrar un nuevo Halcón Dorado. Al final llegué a una zona inundada. Aparentemente, la sala estaba vacía. Pero de repente escuché una extraña voz.

—¡Ladrón! ¡Debes arrepentirte solo por pensar en profanar este lugar sagrado! Ahora, el arrepentimiento corroerá tu mente mientras tu alma consume lo poco que te queda de vida.

La voz era de ultratumba. Y, de repente, apareció un rostro en el agua. Este miraba hacia el techo, pero solo se veía una cara. No era una cara humana y sus ojos eran de un color azul mucho más intenso que el de la propia agua. El combate empezó a los pocos segundos. La cara era inofensiva, pero de vez en cuando surgían del agua unos brazos inmensos que me atacaban con intensidad. A veces, un brazo mucho más grande aparecía de la nada. ¡Y tenía ojos por toda su superficie! Era un monstruo del todo inclasificable. Por suerte, ese brazo más grande era justamente su punto débil.

Sin duda, fue el enemigo más resistente hasta el momento. Y tenía un repertorio de ataques fascinante. Incluso podía lanzar ráfagas de agua a gran velocidad. Al final lo conseguí; había derrotado al Vigilante del Agua. Cuando lo eliminé, las aguas se calmaron. Y luego escuché una voz muy distinta. Era humana...

—Libertador... Libertador...

Esa era la forma en la que me llamaba Lars. Pero no era su voz. Se trataba de otro mago, con un halo de luz amarillo. Resultó ser Vul, otro de los guardianes.

—Eres el Libertador del que ha hablado Lars. Siento el poder que fluye dentro de ti. Soy Vul, uno de los siete guardianes. He visto tu poder y siento que tienes la fuerza para aplastar algún día a Melzas. Sin embargo, hasta que llegue ese día, no puedes tomar a la ligera la amenaza de los Murgg.

»En su cruzada para devolver a Melzas a este mundo, ya han robado el Emblema que tanto buscas. Por tanto, te doy el único poder que me queda. El poder para hacer fluir las aguas. Úsalo bien, Libertador. ¡Debes recuperar el Emblema robado!

Entonces Vul me dio el pergamino del agua, me deseó suerte y abrió un camino para que regresara a la playa. Desde ahí, llegué a una misteriosa casa en la costa. Detrás de ella se escondía un cofre al que solo pude llegar nadando. Dentro había otro Halcón Dorado. En el interior de la casa vivía un señor bajito con una larga melena blanca y un bigote muy pronunciado. Pero estaba de mal humor, así que me fui. Por otra parte, al sur de la casa de Tarn, en dirección a un lugar llamado el Pantano Oscuro, también encontré algunos caminos que conectaban con el este de la playa. Así, me hice con otro Halcón Dorado. Y ahora que podía nadar, encontré otro más cerca del Acantilado de la Locura. Uno que estaba oculto por unos matojos.

Antes de volver a Inoa también entré en una cueva al norte, cerca de Magyscar. Con la ayuda de las bombas y las botas de tritón llegué a un cofre que resultó ser falso. Tenía el mismo aspecto que los demás, pero en realidad era un monstruo horrendo. El cofre del lado, eso sí, contenía otro Halcón Dorado.

En mi regreso a Inoa, pasé por el santuario. Ronan me habló de una chica misteriosa que había llegado al pueblo en mi ausencia. Dijo que se hacía llamar Meia y que supuestamente tenía los mismos poderes que yo.

Ante semejante revelación, me fui corriendo a ver a Septimus. Este me contó que la pobre Myra había enfermado por el estrés causado por la muerte de Nadia. Además, descubrí que Bonaire y Lutas empezaban a culparme de aquella muerte, aunque no supe si Giles había tenido algo que ver. En cualquier caso, decidí que visitaría a Myra. Quizá esa chica llamada Meia estaría ahí.

Antes de eso hablé con algunas personas más. Wendell, por ejemplo, me contó que Kline había estado haciendo cosas raras. Y juró haberle visto cazar un pájaro para, seguidamente, morderlo en crudo. Quizá Sybill había contado aquella historia a más gente y estábamos todos susceptibles, pensé. Por su parte, Kisha me dijo que tuviera cuidado porque Giles había estado hablando de un destino trágico para mí. Y Jess también estaba algo asustado por eso. Aunque yo sabía que aquel chico era incapaz de hacerme daño.

Ya en casa de Myra, el alcalde Beaumont me contó que esta ya se había recuperado. Meia la había salvado de su pesadilla. Y ahí estaba aquella chica misteriosa. Al verla, quedé sorprendido. No sé si tenía los mismos poderes que yo, pero su aspecto físico era muy parecido al mío. Sus orejas también eran puntiagudas y su pelo era como el mío, pero de un color castaño tirando a rubio. Incluso las facciones de su cara me resultaban familiares.

Ahora que lo pienso, nunca te he contado cómo soy yo, ¿verdad? Lo cierto es que soy un chico de estatura media, delgado y tengo un pelo largo y pelirrojo que siempre llevo recogido con una cola. Me gusta vestir con botas largas y pantalones ajustados y las aventuras son lo mío. Por eso siempre voy con mochila a todas partes.

Volviendo a aquella escena en casa de Myra, crucé mi mirada con la de Meia y hablamos.

—Nunca subestimes la fuerza del mal. Un momento de debilidad es todo lo que necesita para imponerse. Debes evitar soñar a toda costa… —me dijo.

En ese momento, llegó Septimus. Y por sus palabras, no parecía estar muy de acuerdo.

—No. No es así. ¡Te equivocas, Meia!

—¿Qué estás diciendo, Septimus? —respondió Beaumont—. Meia acaba de salvar la vida de Myra y aún dudas de ella. ¿Por qué?

—Tú y yo hemos perdido el poder de la creación, Beaumont. Pero Jess aún puede forjar armas maravillosas. Porque los espíritus de los muertos le han motivado a fabricarlas. Pronto se olvida a la persona que muere, a menos que deje huella o rastro de su existencia.

»Las armas que fabrica Jess le recuerdan constantemente a Olen y a Nadia. No quieren que les olvidemos. Desean vivir en nuestros corazones y mentes. Cuando creamos algo, hacemos realidad un sueño. Creación e invención son parte del ser humano… y lo mismo es soñar. ¡Si nos negamos el derecho a soñar, negamos nuestra propia condición humana!

—Comprendo bien lo que dices, Septimus. Pero si mueres, ya no podrás crear. No podrás soñar. Solo te pudrirás hasta desaparecer. Si tuviera que elegir entre soñar y vivir, preferiría vivir —contestó Beaumont.

—Yo también, Beaumont. Pero… ¿qué pasaría si fuéramos capaces de acabar con nuestras pesadillas? ¿Y convertirlas en bellos sueños de nuevo? Sé que podemos poner fin a las pesadillas de una vez por todas.

—Sí. Es posible, erudito, pero corriendo terribles riesgos —dijo Meia—. ¡Hablas de humanidad, pero pretendes poner a toda la humanidad en grave peligro! Tu idea es del todo insensata y simplista.

Después de aquellas palabras de Meia, todos nos quedamos en un completo e incómodo silencio. Hasta que la gente se marchó a sus casas. Ya era de noche, así que me fui a casa de Jess a dormir.

De camino, Septimus me dijo que Meia ocultaba algo, pero yo solo podía pensar en la cama. Recuerdo que me dormí rápidamente. Pero también recuerdo el susto monumental que me llevé a media noche cuando escuché un aullido infrahumano. Se rompió la ventana de mi habitación y algo había entrado. Aluciné cuando salté de la cama y vi que era Kline.

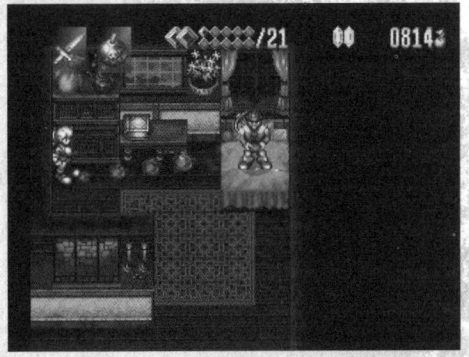

—Hola, Alundra. Siento despertarte a estas horas, pero necesito un favor. ¿Podrías mostrarme el rostro de alguien retorciéndose de dolor? O bien, ¿podrías enseñarme la dulce sensación de vida que fluye por el cuerpo como vino fresco?

No daba crédito a lo que estaba sucediendo. Los ojos de Kline estaban ensangrentados. El ruido de los cristales había sido tan fuerte que Jess no tardó en llegar.

—¡Epa! ¿Qué pasa, Alundra? He oído un ruido… ¡¡Kline!! ¿Cómo llegaste aquí?…

Kline no dejó de mirarme en ningún momento y siguió hablándome a mí.

—Alundra, tú y yo nos veremos de nuevo… Y la próxima vez no habrá nadie que nos interrumpa.

En ese momento se marchó por donde había venido y Jess estaba tan o más sorprendido que yo.

—¿Dónde se metió? Ya no está… ¡Desapareció! Eso es mala señal, ¿sabes a lo que me refiero? Sus ojos no eran humanos, Alundra. Tenía la mirada fría de un monstruo cruel y sanguinario.

Calmé a Jess y pensé que nadie estaría a salvo si Kline andaba por ahí en mitad de la noche, así que salí de casa. Y me encontré a Septimus, que había venido a buscarme. Al parecer, Kline también había pasado cerca de su casa. Le conté que me había atacado mientras dormía y Septimus sugirió que diéramos una vuelta por el pueblo para descubrir qué estaba pasando.

La noche en Inoa era preciosa. Se veían las estrellas, los insectos cantaban y había luciérnagas por todas partes, creando un ambiente majestuoso. Pero todo se estropeaba con los aullidos de Kline. Lo vimos en varias ocasiones, pero siempre se escapaba a una velocidad sobrehumana. Finalmente, decidimos que esperaríamos a última hora de la noche, cuando estuviera dormido, para entrar en sus sueños.

Cuando me levanté, al cabo de unas horas, Jess estaba despierto. No había pegado ojo en toda la noche y me pidió que salvara a Kline. No podía ser culpable de lo que le estaba sucediendo, decía. Al llegar a su casa, Kline estaba dormido y a un lado de la cama estaban Meia y Beaumont. Ella dijo que no se podía hacer nada y que su cuerpo ya había sucumbido al mal.

Septimus volvió a aparecer en el momento más oportuno y me instó a demostrarle a Meia que estaba equivocada. En cambio, ella aseguraba que destruir la pesadilla que se había apoderado de Kline podía suponer la propia destrucción del cazador. Aun así, el alcalde Beaumont me pidió que lo intentáramos. No quería que nadie más muriera así que entré en su pesadilla inmediatamente.

EL DESTINO DE KLINE

Nada más aparecer en aquel sueño, me di cuenta de que se trataba de un lugar muy distinto a los que había visto en anteriores pesadillas El lugar estaba completamente nevado y sonaba una música muy relajante y melancólica. ¿Estaría saliendo del subconsciente de Kline? Pensé. Tampoco tardé en darme cuenta de que las apariencias engañaban. De entrada, aquella nieve era muy resbaladiza y eso iba a complicar mi estancia.

Aquellos caminos, plagados de bolas de pinchos se habían convertido en un auténtico dolor de muelas. Aunque, a decir verdad, el reto más aterrador de aquel sueño tendría que ver con unas misteriosas columnas de hielo. Parecían decorativas, pero podía empujarlas para que se deslizaran por el hielo. Y muchas veces tocaba moverlas en un orden perfecto, incluso apoyando unas en otras para dar con la trayectoria correcta.

En aquella pesadilla también conocí unos monstruos aterradores. Eran demonios con los ojos rojos y se podían hacer invisibles a su antojo. Al hacerlo, su sombra seguía reflejada en el suelo, por lo que eso delataba su posición. Aunque solo podía dañarlos cuando eran visibles.

Poco a poco fui subiendo por una gran torre que encontré. Aunque el camino que parecía llevar hasta Kline me atormentó a base de columnas de hielo… Hubo un momento en el que pensé que podía ser buena idea llamar a ese tal Yen. Sí, hombre, el sabio ese que lo sabe prácticamente todo. Estoy seguro de que muchos lo habrían hecho en mi lugar. Lo cierto es que estuve cerca de perder la cordura ese día.

Poco después conseguí un nuevo Halcón Dorado que se ocultaba tras un muro de rocas. Para acceder a él usé otra roca que podía dirigir con una palanca. Ya en lo alto de la torre me esperaba un ser monstruoso, junto a Kline. Era un bicho gigante. El más grande que había visto hasta entonces. Tenía una cara muy pequeña en relación a su cuerpo viscoso, pero era una cara horrorosa. Además, tenía una segunda boca, situada en el pecho. Cuando la abría, dejaba al descubierto su estómago y una serie de tentáculos.

El combate fue muy duro. Cuando el monstruo abría su estómago, su poder de absorción era descomunal. Nos atraía hacia él como si fuéramos un imán cerca de la nevera. Y la superficie resbaladiza no ayudaba. Tenía que evitar que me tragara a mí, pero también que se tragara a Kline, que no tenía fuerzas para combatir. En alguna ocasión logró atraparme dentro de su estómago. Pude escapar rápidamente atacando desde dentro, pero casi muero en el intento. Menos mal que tenía el pergamino del agua, que curaba mis heridas y me protegía con ráfagas de agua que servían como defensa y ataque al mismo tiempo.

Al final descubrí que si tiraba bombas en el momento justo, el monstruo las absorbía y se las tragaba. Eso le causaba grandes daños. Y justo cuando el combate parecía decantarse a mi favor, escuché la voz de Septimus. Me dijo que Kline estaba gritando de dolor y que tenía que salir de ahí antes de que fuera demasiado tarde. Miré aquel monstruo infecto a los ojos y juré que algún día acabaría con él. Salí de la pesadilla y a los pocos segundos fuimos testigos de un acontecimiento que no olvidaríamos jamás.

Kline se levantó de la cama y empezó a transformarse. Al cabo de unos segundos, ya no era humano. El sueño de Sybill se había cumplido y Kline se había convertido en un feroz hombre lobo. Ante el peligro, salimos todos de aquella casa. Kline nos siguió. Recordaré siempre el salto espectacular que pegó, llegando a alcanzar el tejado de su propia casa. Y desde ahí, Kline me desafió...

—Mi alma... implora... ¡Me pide a gritos que me dé un festín con las entrañas de Alundra!

Kline saltó desde el tejado hacia mi cabeza, intentando darme con sus afiladas garras. Estábamos rodeados por la gente de Inoa, que miraban incrédulos lo que sucedía. Yo estaba acorralado metafórica y literalmente hablando. O luchaba, o Kline nos mataba a todos. Él corría a toda velocidad con sus cuatro patas haciendo amagos para abalanzarse sobre mí en el momento más inesperado.

Me costó, pero al final conseguí debilitarlo. Ya no nos podía hacer daño. Lamentablemente, lo que pasaría después supuso un punto y aparte para todos. Kline volvió a ser humano, pero ya estaba muerto, tirado en el suelo y rodeado por todos. Kisha hizo una reflexión aterrante. Si eso le había ocurrido al hombre más fuerte de Inoa, ¿qué les pasaría al resto?

Uno tras otro, los habitantes de Inoa iban cayendo. Y Meia insistía en que todo era producto de un maléfico plan. ¿Sabía de la existencia de Melzas? Pensé. Y aunque lo supiera, ¿cómo era capaz ese demonio de provocar esas pesadillas tan reales? Seguía con más preguntas que respuestas, pero necesitaba dormir. Tampoco descansé mucho, ya que Jess estaba trabajando de nuevo en su taller y la imagen de Kline me atormentaba. En aquella ocasión, Jess había creado un imponente arco de flechas.

—Se parece al que Kline solía usar... excepto que dispara un poco más lejos —me dijo—. Nada del otro mundo. ¡Pruébalo, Alundra!

¡Te gustará! De hecho, creo que lo necesitarás. Ya sabes a lo que me refiero, ¿verdad?

Nada más darme el arco, Jess me habló del pantano del sureste de Inoa y los rumores sobre una lagartija gigante que ahí vivía. Le preocupaba que nos pudiera atacar, igual que los Murgg. Pensé que echaría un vistazo, pero antes quería animar a la gente de Inoa por lo sucedido con Kline.

Sin embargo, su visión de mí había empeorado a raíz de aquel acontecimiento. Sin ir más lejos, el alcalde Beaumont me dijo que el canciller Ronan había pedido mi destierro. Y confesó que su primera reacción había sido cumplir su deseo. Por suerte, había recapacitado. También descubrí que Meia estaba viviendo con Myra, algo de lo que me alegré. Meia, eso sí, seguía desconfiando de mí y me llamó inepto.

Por su parte, Septimus había descubierto que las pesadillas no eran nuevas en Inoa. Me contó que había constancia de esos sueños raros desde muchas generaciones antes. Y todo había sucedido a raíz de la caída de una roca gigante desde el cielo, al este de Inoa.

Ese día también hablé con Sierra. Y me dijo algo muy extraño. Ella también había tenido un sueño. Era sobre su hija, pero le había dado tanto miedo que no quiso entrar en más detalles. Pero estaba claro que era algo malo e inquietante… Pensé que Inoa ya había sufrido bastante, así que decidí explorar ese pantano del que me había hablado Jess. Si ese lagarto existía y era peligroso, acabaría con él.

No tardé mucho en llegar al Pantano Oscuro, al sur de la casa de Tarn. Estaba lleno de unas lagartijas de casi dos metros de altura. Eran humanoides y sumamente inteligentes. Podían saltar, atacaban en grupo, llevaban escudos y usaban espadas enormes. Los derroté a todos para explorar el lugar y me di cuenta de que había una estatua de una lagartija más grande…

Parecía estar ocultando la entrada de una cueva, pero no tenía fuerza suficiente para moverla y las bombas tampoco funcionaban. Menos mal que activé un mecanismo a distancia con mi nuevo arco. Y luego la estatua se movió, descubriendo la entrada a esa cueva. Antes de entrar, abrí un cofre que escondía un nuevo Halcón Dorado.

Dentro estaba muy oscuro. No pisé por donde debía y me caí por una cascada. Por suerte, abajo me esperaba una zona de aguas profundas, por lo que sobreviví. Por una inscripción, resultó ser que estaba en la Guarida del Reptil. Y la verdad es que su nombre hacía justicia a los peligros que me esperaban. Por ejemplo, una serie de estatuas de lagartijas ilusorias. Las verdaderas eran de piedra; las falsas se convertían en lagartos humanoides cuando me acercaba.

La zona era tan grande que hacía falta recordar bien mis pasos para volver más adelante. Además, los lagartos eran duros y aparecían en cualquier esquina. Los había que lanzaban ácido por la boca, mientras que otros atacaban con lanzas a distancia. Por otra parte, casi me vuelvo loco con el rompecabezas de las estatuas de los gemelos. Una inscripción decía que evitara los gemelos. Solo os diré que, cuando uno no sabe muy bien qué hacer, a veces todo se puede arreglar con un poco de pólvora… Cerca de la segunda estatua, por cierto, encontré otro Halcón Dorado.

Al final llegué a una sala con varias estatuas de lagartos que rodeaban una mucho más grande. ¿Alguien duda de que ese lagarto gigante de piedra se despertó? ¡Incluso abrió los ojos y me habló!

—Aquel que entra como un tonto en el lugar sagrado, recogerá el dolor de un millón de almas sufridas —dijo.

De repente, sus ojos se iluminaron del color de un rubí. Y su cuerpo de piedra se transformó parcialmente, quedando al descubierto las escamas del lagarto, pero igualmente protegidas por la piedra. No era muy rápido, pero sí inmenso. Todo lo contrario del enclave en el que estábamos luchando. Además, se acercaba a mí saltando. Y eso lo hacía muy impredecible. Aparte de que a veces saltaba tan alto que provocaba terremotos y me dejaba paralizado durante unos segundos. Podía evitar quedar expuesto si saltaba en el momento justo, pero no era fácil. Y con su peso, un aplastamiento habría sido mortal. Además, mi enemigo estaba protegido por un séquito de molestos e implacables lagartos.

Por si fuera poco, era capaz de curarse. Sudé sangre, pero conseguí derrotar a aquel monstruo y estrené mi pose de victoria perfeccionada. Después bauticé a ese engendro como Reptilicus Maximus. Pero, como de costumbre, una voz interrumpió mi gran momento. Era otra voz humana.

—Veo que está todo muy claro. Eres el Libertador, Alundra.

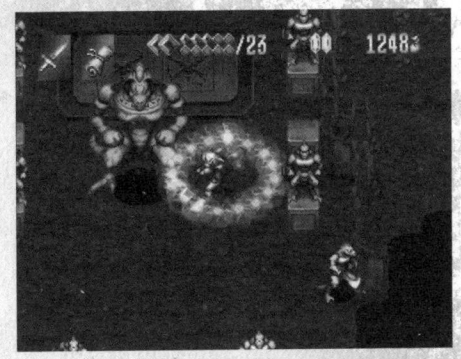

Estaba intentando averiguar de dónde procedía aquella voz cuando de repente un halo de luz anaranjada apareció delante de mí. Otro sabio…

—Es ciertamente difícil encontrar alguien con una fuerza interior y una determinación tan grande como la tuya. Si estás decidido a luchar contra la muerte, quizá también puedas retar al mismísimo Melzas.

»Escucha mis palabras, Libertador. Me conocen como Jeal. También soy uno de los siete guardianes… Era un forjador de metales que trataba de comprender los misterios de la vida. Para detener al mal presente en el reino de los mortales, sacrifiqué mi forma humana y desaparecí en el tiempo.

»Creo que puedo confiar en la luz de tu alma para salvar esta hastiada tierra. Sin embargo, debes pensar que para vencer a Melzas se pone en peligro el fin de la propia realidad. Si puedes con ello… adelante.

Sabía que esas palabras escondían un mensaje importante, pero no lo entendí. ¿Qué era exactamente Melzas? De repente, la luz de Jeal se apagó y su espíritu desapareció. Pero antes me dio el pergamino de fuego y el Emblema zafiro.

Por fin había encontrado otro Emblema. Me había adelantado a los Murgg. Tenía motivos para celebrarlo y contarle mis hazañas a Jess. Además, ya no debería temer a los lagartos.

EL KARMA DE GILES

Cuando llegué a Inoa, no me hizo falta ir a casa de Jess para encontrarme con él. Me estaba esperando en la entrada.

—¡Te estaba buscando, Alundra! Tengo noticias… malas, por cierto. ¿De qué otra manera las hay por aquí? Giles es la víctima más reciente de las pesadillas. Aunque no es amigo nuestro, deberíamos tratar de ayudarle. Sería una lástima que tuviera que volver a Magyscar antes de tiempo.

Aquella expresión llamó mucho mi atención, por lo que decidí preguntar qué significaba.

—¿Nunca te hablé de Magyscar? —respondió Jess—. Me hago viejo. Según la leyenda, todo se crea y se destruye allí. Es el Alfa y el Omega. Surgimos de Magyscar al nacer y allí volvemos cuando morimos.

Entonces Jess me explicó dónde estaba el lugar y se fue hacía ahí. Yo preferí ir directamente a casa de Giles. Fuera estaba Rumi, que me dijo que gran parte de los habitantes de Inoa habían ido a Magyscar a orar por la recuperación de Giles. Y justo cuando iba a entrar, salió Meia corriendo del interior. Me vio, se paró y no parecía estar de muy buen humor…

—¿No has aprendido nada de la muerte de Kline? ¡Entrar en la pesadilla de Giles sería una locura! Lo vas a matar y seguro que tú morirás también. ¡No dejes que ese inmundo embaucador te engañe para que entres en su mundo de nuevo, Alundra!

¿Y si Melzas estaba utilizando a los habitantes de Inoa para atraerme a mí en una de esas pesadillas y matarme? Pensé. Daba igual. Incluso si eran un cebo, yo había visto cómo esas pesadillas mataban a la gente. No podía quedarme de brazos cruzados. Así pues, entré en aquella casa convencido de poder ayudar a Giles. A pesar de todo lo que me había hecho, Giles me producía ternura. Creo que solo necesitaba algo de amor. El mismo que yo había tenido por parte de Jess. Además, si lo salvaba, quizá reflexionaría sobre sus actos.

Dentro, Septimus me contó que Meia había entrado en el sueño de Giles, sin éxito. Pero estaba convencido de que yo podía conseguirlo. Además, Kisha me imploró ayuda. Sabía todo lo que había hecho su hermano, pero aun así lo amaba incondicionalmente. Antes de entrar en el sueño de Giles, Septimus me recordó que era muy arriesgado, pero yo entré igualmente.

Aquella nueva pesadilla me trasladó a un lugar inquietante. Las paredes eran mugrientas y parecían tener vida propia. Era un lugar muy extraño, donde incluso las puertas tenían formas inexplicables y las hierbas tenían un aspecto tenebroso. Además, los retos que me esperaban eran cada vez más complicados. Como aquel reto de los bloques de hielo que tenía que llevar hasta una especie de lápida. Si lanzaba el bloque encima, se abría la tumba y caías a un nivel inferior. Pero no era una trampa, sino el modo correcto de avanzar. A veces incluso tenía que moverme en el aire para caer donde tocaba.

Esa técnica me permitió caer encima de un cofre que escondía otro Halcón Dorado. Más adelante encontré algo llamado esencia maravillosa. La etiqueta del frasco ponía que me devolvería a la vida si moría y la llevaba encima. Pero aquello sonaba sospechosamente a publicidad engañosa.

Por otra parte, aquel tenebroso lugar también era un nido de monstruos. Como aquellos que estaban hechos de metal fundido. Esos seres dejaban caer partes de su cuerpo cada vez que eran golpeados o derrotados. Partes que se convertían en proyectiles primero y en bombas explosivas después.

A pesar de las dificultades, seguí avanzando. Y supe que algo no iba bien cuando noté un hedor muy familiar. Era la misma pestilencia que había notado al enfrentarme con aquel monstruo gigante en la pesadilla de Kline. Tenía miedo, pero también estaba feliz. Podría vengar a Kline. Al llegar a Giles, ese ser monstruoso apareció. No tardé en desenfundar mi arma, pero una voz me interrumpió.

—Alundra, soy Septimus. Escucha lo que voy a decirte con atención… La vida de Giles pende de un hilo. Si su mente sigue deteriorándose, morirá. Debes luchar contra el torturador en el sueño de Giles, pero sin dañar su mente. Es complicado, pero sé que lo lograrás. ¡Suerte!

En resumen, no podía permitir que el monstruo nos encarcelara dentro de su estómago ni una sola vez. Por supuesto, mientras el monstruo tenía su estómago abierto, teníamos que correr en la dirección contraria para contrarrestar aquel poder de atracción. Yo podía apañármelas solo, pero si no bloqueaba la trayectoria de Giles con mi propio cuerpo, ambos moriríamos. La batalla fue muy tensa y duró bastante. Pero lo conseguí. Acabé matando al monstruo más abominable del mundo. Había destruido al Chupa Almas.

En aquella ocasión no me detuve mucho tiempo en mi fantástica pose de victoria y salí de la pesadilla lo antes posible. Volvía a estar en casa de Giles y este se despertó. No daba crédito de lo que había pasado y era consciente de que lo había salvado, arriesgando mi vida en el proceso. Su propia hermana le dijo que ya no podía culparme más.

Beaumont estaba especialmente contento. Pensaba que las pesadillas se habrían acabado para siempre. Me pidió que informara a los que habían ido a rezar a Magyscar de aquella buena noticia. Septimus estaba pletórico, pues habíamos demostrado que Meia estaba equivocada.

No había tiempo que perder, así que me fui corriendo a Magyscar, al norte de Inoa. Cuando llegué a la ermita, ahí estaban Jess, Lutas y compañía. Les di la buena noticia y me sorprendió su reacción. Estaban felices por la recuperación de Giles, pero sobre todo estaban orgullosos de mí. Había logrado que la gran mayoría me vieran como un protector.

Antes de que todos abandonaran Magyscar, Jess me dijo que tuviera cuidado ahí dentro. Que había una grieta en el muro posterior de la ermita que podía derrumbarse en cualquier momento. Pensé que quizá detrás se escondía un nuevo lugar sagrado. Al fin y al cabo, hasta entonces los Emblemas que había conseguido siempre se ocultaban en lugares así. Y así fue: detrás se escondía una cueva enorme.

Se trataba de un lugar bastante oscuro y húmedo. Dentro me esperaban retos muy complicados y diferentes a los que había afrontado hasta entonces. La mayoría, estaban relacionados con unos matorrales que tenía que quemar con antorchas que había por ahí. Cada vez, con situaciones más complicadas. Por ejemplo, cuando las goteras de la cueva podían apagar las llamas.

También recuerdo un cofre que fue muy complicado de abrir. Estaba oculto por varios matorrales que debía quemar con antorchas. Pero estas se encontraban tras un mecanismo de plataformas móviles que debían ser activadas con una palanca situada en un piso inferior. Dejar las plataformas en la posición correcta para pasar era sencillo. Pero cuando llegabas al final, donde estaban las antorchas, las plataformas habían quedado en una posición que no permitía volver atrás para quemar los matorrales.

Lo lógico habría sido pensar que ya volvería más adelante, cuando tuviera algún tipo de arma de fuego para quemar directamente los matorrales. Era lo lógico. Pero yo estaba convencido de que con un «juego» de bombas, lanzadas con el tiempo perfecto, era posible conseguirlo. Mereció la pena, pues me esperaba otro Halcón Dorado.

Al final, acabé llegando a un callejón sin salida. Delante de mí solo había un precipicio. ¿Habían retado mi intelecto para nada? Me pregunté. Supongo que un Libertador debía tener fe, así que salté al vacío. Por alguna extraña razón, no me hice daño al aterrizar en aquella nueva y gigantesca sala. Y tenía compañía...

Un enorme ciempiés apareció por un hueco de la pared y ocupaba prácticamente toda la estancia. Su cara estaba formada por múltiples cabezas. Todos aquellos rostros parecían atormentados. Y sus ojos eran monstruosos. No tardó en atacarme, así que tuve que defenderme. Pero resultó que mis estocadas no le hacían ni cosquillas.

No obstante, si atacaba las diferentes partes de su alargado cuerpo, perdía una especie de blindaje de acero. Eso dejaba al descubierto su cuerpo. Aun así, un golpe en esas partes tampoco lo dañaba. En realidad, era necesario quitarle todas las partes del blindaje para que su cabeza pasara a ser vulnerable. Para esa tarea fue de gran ayuda el pergamino de fuego, capaz de lanzar bolas de fuego desde el aire.

Lamentablemente, ese estado vulnerable no duraba mucho y el blindaje volvía a aparecer. Tampoco ayudaban los movimientos tan impredecibles de aquel ciempiés, serpenteando como loco, atacando fuertemente con un movimiento seco de su cola o incluso lanzado proyectiles y poniendo huevos de los que salían unas molestas abejas. A pesar de todo, salí victorioso. Tocaba bautizar aquella bestia y le puse el nombre de Gusano Carroñero. Lo sé. He dicho que era un ciempiés, pero ya que lo aplasté como un gusano… Pues eso, que no se me da muy bien poner nombres.

Después de mi victoria, no me sorprendió escuchar una voz. Pero, por primera vez, se trataba de una voz femenina…

—Ya veo. Eres realmente el Libertador —me dijo—. Soy Uma. Reina de la Vida y la Muerte y una de los siete guardianes. Los Murgg vinieron antes que tú y robaron el Emblema. Mi sirviente estaba tan furioso que te atacó por error. Acepta mis disculpas por sus acciones impetuosas. No queríamos hacerte daño.

»Vete ahora, Libertador. Recupera los Emblemas robados y mata a Melzas. Eres la última esperanza de esta tierra. Sin ti, la humanidad está condenada a una muerte espantosa…

La verdad es que yo no había pedido llevar ese peso a mis espaldas. Pero supongo que tenía que intentarlo. Además, me fastidiaba que los Murgg se me hubieran vuelto a adelantar. Estaba seguro de que debería enfrentarme a ellos directamente en algún momento. Uma también me dio el pergamino del viento. Por fin, ya dominaba los cuatro elementos básicos de la magia. Después, dijo algo verdaderamente inquietante.

—Este es el lugar eterno de reunión de las almas perdidas. Todos los que aún viven y existen no tienen sitio aquí. Te devolveré al dominio de los vivos. ¡Adiós, Libertador!

Por primera vez en todas mis aventuras, no tuve que volver a Inoa por mi propio pie. De repente, sin entender muy bien qué había pasado, estaba en casa de Jess. Y Septimus llegó prácticamente al mismo tiempo que yo. Me estaba buscando.

—Hola, Alundra. ¿Cuándo volviste? Mmm… bueno, pensé que esto podría interesarte —me dijo—. Meia cree saber por qué la gente del pueblo está sufriendo pesadillas… Ronan ha estado rezando a una fuerza maligna en vez de a los dioses. Si es verdad, todos estamos en grave peligro.

LA FE PUEDE MATAR

Me costaba creer que eso pudiera ser verdad. Pero quizá estábamos siendo engañados por Melzas de alguna manera. De todas formas, quedé con Septimus para encontrarnos en el santuario más tarde. Primero descansé un rato.

Cuando me levanté, hablé con Jess. Le conté lo que había dicho Septimus y por primera vez Jess aparcó su sentido del humor. No quería creer que eso pudiera ser verdad. Le prometí averiguar la verdad y salí de casa. Fuera me esperaba Sybill, que había tenido otro sueño. Pero en esta ocasión me dijo que no iba a ver el sueño, sino que directamente podría sentirlo si la cogía de la mano.

No dudé en hacerlo y de repente estaba sintiendo el sueño como si fuera mío. De hecho, yo era el protagonista. Estaba caminando por los jardines de un palacio situado junto al lago. Pero, de repente, la escena cambiaba y estaba en casa de Lutas. Este me decía que debía pedirle a Jess que fabricara una espada nueva. Incluso aunque le costara la vida a él. No lo entendí… Después la imagen cambió nuevamente y estaba en casa de Jess. Este había fabricado la Espada Sagrada. Decía que la había empezado a forjar después de la muerte de Lutas. Y me pedía que la muerte de nuestro amigo no fuera en vano. La última imagen volvió a trasladarme al palacio del lago. Era el lugar en el que aguardaba Melzas. Yo había llegado hasta su trono y el demonio me estaba esperando. De repente, este lanzaba un hechizo y ahí terminaba el sueño. Volvía a estar al lado de Sybill.

—Luchas contra la maléfica fuerza del mal poniendo en peligro tu vida —me dijo—. Lo raro es que nadie intenta detenerte. Pero eres consciente de que saben que luchas también por ellos. No tienes miedo, sino la firme decisión de salir victorioso.

Aquellas palabras de Sybill aumentaron mi moral. Por primera vez, una de sus visiones traía algo de esperanza. Aunque no estaba dispuesto a dejar que el precio a pagar fuera la muerte de Lutas. Por eso, decidí hablar con él y contarle lo que había pasado. Le dije que no permitiría que le pasara nada malo, pero creo que lo asusté. Al salir de su casa, por cierto, me di cuenta de que la chimenea había dejado de echar humo.

Lo que hice a continuación estuvo mal. Pero voy a confesarlo. ¿Recuerdas la táctica usada en la tienda de Lurvy? Pues hice lo mismo con la chimenea de Lutas. Básicamente, me tiré desde una posición elevada, delante de la casa de Wendell. Cuando aterricé, me encontraba en una habitación secreta de la casa, cerrada por dentro. Ahí encontré un cofre con un documento que ponía «pase secreto». No sabía qué era, pero lo guardé igualmente en mi mochila.

Después me fui corriendo al santuario. Septimus me estaba esperando en la entrada, pero parecía preocupado. La puerta principal estaba cerrada con llave y no podíamos entrar. Entonces mi amigo sugirió un plan bastante gamberro: colarnos por la parte superior del santuario rompiendo uno de sus grandes ventanales. Te seré sincero: a pesar de entender bien la idea de Septimus, me costó mucho averiguar cómo trepar a lo alto del santuario. Al final lo hice subiéndome a una lápida del cementerio para llegar a una cornisa y luego al ventanal. Había sido tan irrespetuoso con los dioses como con los muertos. Después de romper el ventanal con el látigo, aterricé en la cocina. Y desde ahí, accedí rápidamente al vestíbulo principal.

Septimus golpeaba con fuerza la puerta principal y me pedía que la abriera por dentro. Una vez juntos, este sugirió que inspeccionaría los altares mientras yo investigaba los aposentos de Ronan en los pisos superiores. Ahí descubrí que algunas puertas estaban cerradas con unas paredes metálicas muy resistentes que solo se abrían tras resolver varios rompecabezas. Bajé para contárselo a Septimus, pero este había encontrado algo mejor: un dispositivo conmutador escondido en uno de los altares. Al accionarlo, todo el santuario tembló y se escuchó algo en una habitación situada al oeste.

Más tarde, Septimus encontró y activó otro conmutador. Pero en aquella ocasión cayó una bola de pinchos gigante cerca de nosotros. No nos aplastó de milagro. Nos miramos y nos hicimos la misma pregunta: ¿por qué había trampas en un lugar sagrado? Teníamos que seguir investigando. Y así fue como encontramos un altar situado en el centro del santuario. Pero tenía una cerradura muy extraña. Y no te haces una idea de lo complicado que fue encontrar la llave correspondiente.

Lo que encontramos debajo de aquel altar fue muy perturbador: había un pasadizo secreto que llevaba a un sótano. ¡Por lo menos bajamos diez pisos! Aquel lugar parecía más bien de culto satánico. Y ahí estaba Ronan, delante de un altar. No podía dar crédito a lo que veía...

—¡Una estatua de los dioses! —dijo Septimus—. El rey decretó que sería un delito adorar ídolos como este. Y aquí estás, quebrantando la ley. ¿Por qué, Ronan? ¿Por qué?

—Ahora que ya no se ve a los dioses, han sido olvidados por esta raza pecadora... —respondió Ronan—. Solo los recordamos en momentos de necesidad. Los dioses están furiosos por ser tratados así. Soy su fiel sirviente y seguiré rindiéndoles culto y veneración.

»He violado el decreto del rey desde su inicio y no lo he ocultado. La mayoría de la gente buena sabe de mi «delito».

—¿Quieres decir que hemos enfadado a los dioses, Ronan? —preguntó Septimus—. ¿Dices que son la verdadera causa de nuestras pesadillas?

—La única persona que dijo que las pesadillas eran una maquinación del mal fue Meia, Septimus. ¿O fuiste tú, Alundra?

—No comprendo. ¿Por qué los dioses que nos crearon nos torturarían y matarían ahora? —preguntó Septimus.

—Porque los hemos traicionado, Septimus. Cuando el estúpido edicto del rey fue decretado, perdimos el don de crear. En cambio, aprendimos a controlar y manipular nuestros propios sueños. Buscamos la felicidad en el interior de nuestras mentes. El territorio de nuestra identidad personal. ¿Lo entiendes? ¡Los dioses no son culpables! Lo somos nosotros.

—Vamos, Alundra. Hablar con este fanático es una pérdida de tiempo —dijo Septimus.

Inmediatamente después nos pusimos en marcha. Pero unos instantes después, Septimus se dirigió a Ronan por última vez.

—Ronan, debemos continuar nuestra lucha contra el mal que nos asola. Incluso si se trata de luchar contra los propios dioses despiadados. Ya que un dios sin piedad es un demonio.

Ronan se rio descaradamente y no parecía estar preocupado lo más mínimo.

—¿De veras, Septimus? Seguro que los dioses mueren de miedo por tu insana blasfemia.

Mientras regresábamos a Inoa, estuve pensando en lo que había visto. La deidad a la que estaba rezando Ronan parecía Melzas. A pesar de esos pensamientos, aquella noche caí rendido en la cama. A la mañana siguiente, un ruido atronador me despertó. Jess había fabri-  cado un nuevo artilugio: el Guante de Poder. Este me permitiría levantar rocas grandes y pesadas.

Jess dijo que había sentido la necesidad de fabricar los guantes aquella madrugada. Pero también estaba aterrado por no saber de dónde venía la inspiración en aquella ocasión. Las malas noticias no tardaron en llegar… Septimus entró por la puerta y nos contó que Sybill había muerto. Y lo peor de todo: no había sido una pesadilla, sino un asesinato a sangre fría…

¿Quién había podido hacer algo tan cruel como matar a una niña indefensa? Pensé. Según me contaron Fein y Rumi, que se encontraban en casa de Sierra, la habían asesinado mientras dormía. También dijeron que todos estaban en el cementerio para llorar su muerte, así que me fui directamente al lugar.

Jamás olvidaré lo que me dijo Cephas. Dijo que las personas éramos capaces de crear objetos de una gran belleza, pero que también teníamos la habilidad de cometer actos atroces. Dolía escucharlo, pero era cierto. También dolió lo que dijo Meade. Me contó que Sybill me adoraba, e incluso me dijo que ella era de las pocas personas que confiaban en mí cuando otros me habían repudiado.

Al acercarme a su tumba, lloré a cántaros. La inscripción de su lápida decía «Sybill. Que todos tus sueños sean de felicidad». Nadie podría haber encontrado una frase mejor, mi querida amiga. La conexión que sentí con ella en ese momento fue tan fuerte que llegué a tener una visión en aquel preciso instante. Creo que era la propia Sybill, que quería mostrarme algo. Y no era cuestión de futuro, sino del pasado.

Estábamos en Inoa, en la plaza principal. Sierra buscaba a su hija en mitad de la noche. La encontró, pero Sybill tenía el cuello completamente roto. Después vi algo muy impactante… Cerca de una de las entradas de Inoa había una figura blanca. Lo vi algo borroso, pero era alguien observando la escena a distancia. Pensé que podía ser Ronan, pero no estaba seguro. Lo que sí tenía claro es que Sybill me estaba avisando de algo.

Mientras yo tenía aquella visión, Septimus llegó al cementerio. Me dijo que quería preguntarle una cosa a Meia, pero que no podía porque estaba durmiendo. Sospechaba de ella porque había estado despierta hasta muy tarde la noche anterior. Septimus me pidió que aprovechara que Meia dormía para entrar en sus sueños y averiguar algo. No me parecía ético, pero yo también pensaba que ocultaba algo. De todas formas, antes de irme del cementerio, hablé con Sierra. Me dio las gracias por haber sido amigo de su hija. Aquello me llenó de felicidad.

De camino a Inoa, pasé por el santuario. Y si Ronan había tenido algo que ver y estaba fingiendo, la verdad es que era un actor de primera. También estaba ahí Giles, que me culpaba de la muerte de Sybill y me llamó asesino y ladrón de almas inocentes. Viendo su reacción, quise visitar a Kisha, ya en Inoa. Lo estaba pasando muy mal. Incluso sospechaba que su hermano podía haber tenido algo que ver con la muerte de Sybill. La tranquilicé y me fui corriendo a casa de Myra con Septimus.

Nuestro plan era colarnos y entrar en el sueño de Meia. Pero había un problema: la abuela de Nadia hacía guardia en la entrada para evitar que la molestaran. A Septimus se le ocurrió distraer a Myra para que yo entrara. Funcionó...

UNA GRAN REVELACIÓN

Estaba dentro y tenía a Meia delante de mí, tumbada en la cama. No podía perder tiempo, así que entré en su sueño. Una vez dentro, enseguida me di cuenta de que aquello no era una pesadilla. Aquel lugar era muy bonito. A los pocos segundos apareció una niña. No la conocía, pero por su físico era evidente que se trataba de Meia en el pasado. Me pidió jugar al escondite. Le seguí el rollo, porque pensaba que podía ser una forma de investigar su pasado.

Pero antes de satisfacer sus deseos exploré un poco el lugar. Encontré un nuevo Halcón Dorado al sureste, muy a la vista. A partir de ahí, el sueño seguía un patrón muy claro. Cada vez que encontraba a Meia en su nuevo escondite, ella abría unos portones que había al norte. Y dentro de cada sala me esperaba un pequeño rompecabezas intelectual. Con cada reto resuelto, podía ver un *flashback* del pasado de Meia. El primero de ellos me mostró a una joven Meia junto a su madre en un santuario. Estaban adorando a una deidad que, probablemente, era Melzas. El padre de Meia había muerto en un accidente y su madre estaba convencida de que eso había ocurrido porque él no era creyente. Meia no estaba de acuerdo.

El segundo de aquellos *flashbacks* me mostró a Meia y a su madre en una gran biblioteca. La madre no paraba de leer y Meia decía que había ido demasiado lejos. Decía que su madre había transformado su fe en una obsesión. En la tercera retrospectiva, estaban quemando viva a la madre de Meia, como si fuera una bruja. Meia decía que todos teníamos secretos, incluidos los propios dioses. Y que al exponer esos secretos, había que tener cuidado. En ese momento pensé que la madre de Meia había sido castigada por adorar un dios que en realidad era un demonio.

En la cuarta retrospectiva, Meia estaba escondida en una casa que parecía ser la de su madre. Unos sacerdotes habían entrado y la buscaban desesperadamente. Aunque finalmente no la encontraron, ella estaba aterrada y tenía miedo de que la quemaran viva a ella también. Por eso, decidió irse muy lejos de ahí…

Empezaba a entender los motivos por los que Meia estaba convencida de que el mal de Inoa tenía que ver con la adoración a los dioses. La quinta escena me mostró el viaje de Meia. Por el camino, ella se encontró con una persona que estaba agonizando en el suelo. La ayudó y luego dirigió unas palabras a su difunta madre. Acababa de descubrir que tenía el poder de curar horribles pesadillas. Y comprendió que ese poder era la verdadera razón de su existencia. Incluso dijo estar convencida de que no nos gobernaba un dios, sino un demonio embaucador. Meia afirmó que ese demonio era el causante de las pesadillas.

Eso explicaba los motivos por los que Meia sabía qué estaba haciendo Ronan desde el principio. Y también explicaba las razones por las que ella sentía que tenía que detener a ese demonio.

En la última retrospectiva, Meia llegaba a Inoa y el espíritu de Melzas aparecía ante ella. Meia se alegraba de haber descubierto dónde vivía ese maldito demonio y juraba acabar con su vida. No había nada más que hacer ahí, así que salí del sueño.

Nada más regresar a mi cuerpo, escuché un ruido atronador. Parecía venir del este de Inoa, pero no tenía tiempo que perder o me descubrirían ahí dentro. Al salir, le conté a Septimus lo que había ocurrido. Ambos supimos que Meia no era una enemiga. Y mucho menos la asesina de Sybill.

Aquella noche me costó conciliar el sueño. Estuve pensando en cómo conseguir que Meia confesara por sí misma todo lo que yo había visto. Al menos ahora comprendía mejor su dolor. Al día siguiente me levanté y agradecí no escuchar a Jess forjando. Esa mañana, Lutas estaba hablando con él. Había traído un mensaje de Nava. Se trataba de aquel anciano de la cabaña de la playa, el cual quería verme. Pero antes de visitar a ese viejo antipático, di un paseo por Inoa.

El alcalde Beaumont estaba muy preocupado por lo de Sybill, ya que el culpable seguía por ahí. También visité a Giles, que seguía obsesionado conmigo. Me dijo que mientras yo siguiera en Inoa, la gente seguiría muriendo. Por su parte, Wendell me habló de Miming. Dijo que era el líder de la tribu de los enanos, por lo que supuse que eran esos seres diminutos que había visto en aquellas ruinas antiguas. Según me contó, era una persona muy amable pero no me convenía enfadarlo. Wendell tenía una cultura impresionante.

Después de aquellas charlas, era el momento de visitar a Nava. Cuando llegué, Meia salía de la cabaña. Me dijo que ambos habíamos sido convocados pero que Nava me había elegido a mí. Me despedí de ella, entré en la cabaña y Nava fue al grano.

—¿Sabías que la gigantesca roca que bloqueaba el río Rahl se ha resquebrajado y la han quitado? El molino de agua no podía funcionar debido a esa roca —me dijo—. Ahora que no está, podrás encontrar tu camino hacia Nirude, el guardián gigante.

Era la segunda vez que escuchaba hablar de Nirude, así que le pregunté a Nava si estaba relacionado con aquellos enanos.

—Nirude es el único superviviente de la Gran Tribu, o los Gazeck, como eran conocidos —me respondió—. Los poderes de Nirude fueron reclamados por Melzas y se utilizaron para hacer el mal y no el bien. Creo que, por ello, Nirude deseará ayudarte en tu búsqueda. Su guarida está al noreste. Ve allí, joven aventurero.

Además de indicarme el camino, Nava me obsequió con otro objeto mágico que me resultaría de gran utilidad. Se trataba de una judía. ¡Era mágica!

—Tienes en tus manos una de las cosas más extrañas de esta tierra —dijo Nava entusiasmado—. Se llama la Judía Mágica. Con esa pequeña maravilla, puedes cultivar asombrosas plantitas que te pueden catapultar a nuevas alturas.

Nava quiso mostrarme cómo funcionaba. En su casa había un tiesto. Y cuando lancé la judía en ese tiesto, nació de inmediato una planta mágica. Esta funcionaba como un trampolín y podía saltar a grandes alturas. La demostración, por cierto, sirvió para encontrar otro Halcón Dorado.

UN ALMA LIBRE

No quería perder mucho tiempo antes de ir en busca de Nirude, pero quise aprovechar mis nuevas habilidades para explorar un poco. De entrada, al este de la playa encontré otro tiesto con el que llegué a un nuevo Halcón Dorado. Por otra parte, cerca de aquella entrada por la que salí de la mina encontré otro. Estaba en un cofre muy oculto al que se llegaba saltando desde una zona elevada.

Al oeste de la playa también pude quitar algunas rocas gigantes con el guante de poder para acceder a nuevas zonas. Cerca del puente al noroeste de la casa de Nava quité una que me dio acceso a un nuevo Halcón Dorado. Y en una zona del extremo noroeste desde ahí encontré la entrada a una cueva con otra roca gigante. Y cerca de ahí había otro más. Para abrir aquel cofre, tuve que saltar encima de unas columnas rotas.

Al sur de ahí también acabé encontrando una cueva misteriosa en la que conseguí la Vara de Fuego. Un arma espectacular que me permitió dominar el fuego. A partir de aquel momento ya no necesitaría antorchas para prender fuego a los matorrales. Y sería un gran activo para mis batallas también.

Con ella pude abrirme camino en esa cueva de la zona del extremo noroeste que había visitado antes. Después, bajé por unas escaleras y llegué a una zona infestada de cofres falsos. Pero uno de ellos contenía un Halcón Dorado. Al salir, tomé un atajo hasta el estanque de Inoa quemando otro matorral. Al noreste de ahí, en un lugar custodiado por un gragg que llevaba un látigo de hierro como el mío, había otro matorral. Al quemarlo, encontré un cofre que contenía el Libro de Agua, que era una mejora para el Pergamino. Y si me dejaba caer desde ahí, accedía a una zona secreta a la izquierda de los árboles. Ahí se escondía otro Halcón Dorado.

También volví a explorar la zona de Magyscar. Y gracias a mi nueva vara, despejé el camino hasta la llamada Mansión del Hielo. Den-

tro conseguí la Varita de Hielo, pero os aseguro que sigo teniendo pesadillas con las malditas columnas de hielo.

Como mi siguiente destino estaba cerca de la casa de Tarn, aproveché para explorar la zona. Y encontré otro tiesto para las judías mágicas, el cual me dio acceso a un nuevo Halcón Dorado. A decir verdad, estaba cansado de dar vueltas, por lo que decidí ir al Bar Riviera a tomar algo. Lo que no esperaba es que aquel pase secreto que había cogido en casa de Lutas fuera lo que necesitaba para bajar al casino secreto. Tenía tanta curiosidad, que acabé bajando. El casino constaba de tres grandes juegos y uno de ellos era la ruleta de la «suerte».

No voy a mentirte: era tentadora, con esas luces rojas, azules y verdes. Además, la entrada era barata: solo cinco gilders. Estaba pensado para perder, claro. Pero yo descubrí un pequeño truco para tener más probabilidades de ganar. La clave estaba en fijarse en el cristal donde caía la luz de la ruleta, así como en los siguientes cinco cristales en el sentido de las agujas del reloj. Esos cinco se los saltaría seguro en la próxima tirada. En cambio, los siguientes cinco (en el mismo sentido) serían los cristales en los que se podía parar la luz en la siguiente tirada. No garantizaba ganar, pero facilitaba las cosas.

El segundo juego de aquel casino secreto se llamaba Disparo al monstruo. Al menos no era el único con nula originalidad para poner nombres. Consistía en disparar a unos monstruos que pasaban por detrás de una barra. En la práctica, era como ese juego típico de las escopetas de feria. Pero mi arco no fallaba tanto. La gracia del juego era que los monstruos iban más rápido a cada ronda. Además, se iban añadiendo dificultades. Desde rocas que impedían el paso, hasta pollos que penalizaban en la puntuación final.

El último juego de aquel casino se llamaba Slime Busters. ¿O quizá era Slime Smash? La verdad es que ni siquiera los dueños del local se ponían de acuerdo. El juego era tan sencillo como divertido. Subías a un cuadrilátero y aparecían monstruos gelatinosos como por arte de magia. Tenía que golpearles para conseguir puntos antes de que desaparecieran.

Después salí del casino e hice una última parada antes de seguir con mi viaje. Partiendo de la casa derrumbada de Olen, subí por unas escaleras situadas en el exterior y llegué a una cueva con otro tiesto para judías mágicas. Ahí encontré otro Halcón Dorado.

EN BUSCA DEL ÚLTIMO GAZECK

Había dado muchos rodeos, pero no podía esperar más. Tocaba ir a la cueva que se había abierto en el molino del río Rahl. Era el lugar que me conduciría hasta Lord Nirude, el último superviviente de los Gazeck. Cuando llegué al molino, ahí estaba Meia. Me dio ánimos. Por primera vez, me miró con ojos de ilusión. Incluso me dijo que los dioses me darían el poder necesario para vencer a Melzas. Me despedí y entré primero en el propio molino, que por fin estaba en funcionamiento. Eso me dio acceso a un Halcón Dorado. Lo guardé y entré en aquella cueva misteriosa. Resultó ser un río subterráneo.

La zona estaba parcialmente inundada y eso hacía imposible llegar a ciertas plataformas. A veces, de unas cascadas caían unos troncos. Con astucia y agilidad podía usarlos como plataformas para encadenar varios saltos y llegar a nuevas zonas. Pero no era fácil, ya que se los llevaba la corriente.

En aquel río subterráneo también encontré unos enanos diminutos y muy ágiles. En efecto, eran los mismos que aquella vez habían hablado de proteger a Nirude. La verdad es que no medían ni cincuenta centímetros. Tenían la piel de color verde y unas orejas largas y puntiagudas. Además, llevaban un gorro azul en la cabeza y estaban equipados con unas guadañas más grandes que su propia cabeza. No eran muy poderosos, pero sí resultaron ser escurridizos. Saltaban como locos y era difícil darles.

De aquellas aventuras en el río también os puedo contar cómo decidí meterme detrás de una cascada que parecía sospechosa. Al hacerlo, me caí a un piso inferior, pero hice bien: no era una trampa, sino un secreto. Había caído justo encima de un cofre con un nuevo Halcón Dorado.

Cuando salí de la cueva, encontré aquel lugar místico de las ruinas. Al observarlas de cerca, descubrí que en realidad eran las partes del cuerpo de una gran estatua de piedra. Impresionante. Cerca de ahí, con la ayuda de las judías mágicas conseguí un nuevo Halcón Dorado. Incluso encontré dos moáis mágicos. Exactamente iguales que uno que había destruido previamente en un lugar de Torla llamado Punto de Inspiración. Eran rocas, pero una energía emanaba de su interior y parecían tener vida propia.

Después de derribar al último, se abrió una de las puertas que los enanos habían cerrado. Por fin lo entendía todo. Aparte de un sistema de disuasión, aquellas figuras eran un mecanismo para bloquear puertas de forma secreta. Dentro de las ruinas me encontré de nuevo con los enanos. Quería decirles que no era un enemigo, pero no me escuchaban.

Intentaron detenerme con multitud de trampas. Pero, en más de una ocasión, fueron los propios enanos los que me liberaron de sus propias trampas. La verdad es que aquellos seres empezaban a caerme bien de lo graciosos y torpes que eran. De hecho, me parecían más adorables que peligrosos. El caso es que seguí avanzando y, poco a poco, fui escalando aquel gigante por dentro. Y conseguí llegar a su cuello. Sinceramente, su tamaño era imponente. Desde aquella nueva posición elevada, vi un cofre a lo lejos, al oeste. Y me dejé caer desde ahí, pasando por encima del brazo derecho de la estatua. Fue una gran idea, ya que dentro me esperaba el libro de tierra.

Al cabo de un rato llegué a la parte más alta de aquella estatua. Ahí estaba Nirude... La verdad es que describir cómo era el famoso superviviente de la Gran Tribu no es fácil. Ni siquiera tengo claro si estaba vivo o muerto. Era una especie de espíritu en forma de cabeza gigante. Era completamente calvo y tenía una barba muy imponente. Su reacción al verme no fue exactamente la que yo esperaba...

—Has profanado la santidad de mi ancestral hogar —me dijo—. Debes ser un agente de Melzas. No parece que seas mi enemigo. Pero tampoco has demostrado ser mi amigo...

Después, como por arte de magia, fui transportado a un lugar tenebroso. Tenía delante una especie de carretera hecha de rocas. Y debajo había un precipicio imponente. Nirude ya no era un espíritu en forma de cabeza gigante, sino un gigante como tal, totalmente físico y real. Su cuerpo parecía estar hecho del mismo material que la carretera y llevaba un casco en la cabeza, como si fuera un gladiador. Sus ojos brillaban de un color amarillo intenso y su aspecto era más terrorífico que bondadoso. Entonces, volvió a dirigirse a mí.

—He abierto con mi magia una brecha en el tiempo. ¡Pronto veremos si eres amigo, enemigo... guerrero o cobarde!

Nuevamente, no tuve tiempo de contestar y Nirude empezó a perseguirme por aquella carretera. Sus gritos habían provocado el desprendimiento de rocas por todas partes. No solo corría peligro por si Nirude me alcanzaba o por las propias rocas que podían aplastarme, sino que a veces esas rocas bloqueaban el camino y tenía que destrozarlas con rapidez para seguir avanzando.

A medida que Nirude se acercaba, su gigante cuerpo iba destrozando el camino por el que pasaba, por lo que no había vuelta atrás. Pensé que iba a morir. Pero entonces me di cuenta de que su cuerpo sufría daños a medida que avanzaba y destrozaba el camino. La imagen era dantesca. Su cuerpo hecho de rocas iba dejando paso a lo que realmente había debajo. Y no era piel, sino directamente músculos.

Cuando más herido estaba, detuvo la lucha e hizo que regresáramos al escenario inicial. De nuevo en su guarida, Nirude volvía a tener su forma espiritual y había cambiado por completo su discurso...

—Esos ingeniosos métodos de supervivencia solo pueden ser... espera... ¡ese Emblema! ¡Eres el Libertador! —dijo sorprendido—. Soy Nirude. Debes saber que soy uno de los siete guardianes. Soy el único superviviente de la Gran Tribu. Las plegarias de Miming y su pueblo me han sostenido estos años de soledad... Sin embargo, incluso el poder de las plegarias tiene sus limitaciones.

»Por favor, acepta mis disculpas por dudar de ti, Libertador. Siento el coraje y sinceridad de tu alma. Te envió Nava, ¿verdad? Excelente. Eso prueba que al final ha decidido luchar contra Melzas. He esperado ese enfrentamiento durante muchos años. ¡Sé que saldrás victorioso!

EL AGENTE FILOSÓFICO DE LAS TINIEBLAS

Las palabras de Nirude me estaban llenando de vigor cuando, de repente, una cascada de fuego salió de debajo de la tierra. No parecía ser algo natural, porque dentro de aquel fuego se podían ver las caras de almas torturadas.

—¿Mmm? Déjame esto a mí, Alundra. Retrocede —dijo Nirude.

En ese instante levanté la cabeza y vi a un ser demoníaco con un aspecto demacrado y asqueroso. Ese ser tenía un cuerpo putrefacto y huesudo. Su piel era de color gris, su pelo de color verde y tenía un ojo rojo y otro blanco. También tenía las alas de una gárgola y las garras de un águila como pies. Su forma era completamente humanoide. Además, no tardé en descubrir que podía hablar.

—Zorgia... Has traicionado a Wilda... Has traicionado a los Gazeck. Y ahora te has puesto del lado contrario, con Melzas —dijo Nirude—. ¡Eres un bastardo mercenario y solo te mereces la muerte!

—Chis, chis, Nirude. ¡Hoy tienes la lengua muy afilada! —respondió ese ser—. ¿Por qué usas esas palabras tan hirientes y crueles? Una vez cuidaste de mí y pensaba perdonarte. Pero ahora... tu pequeño discurso lo ha cambiado todo.

Zorgia era tan sarcás-
tico como despiadado.
Podía sentir su poder. Si
me hubiera enfrentado
a él en ese momento, me
hubiera hecho picadillo.

—Lord Melzas ha or-
denado tu muerte y me
veo obligado a cumplir lo
que pide —añadió Zorgia.

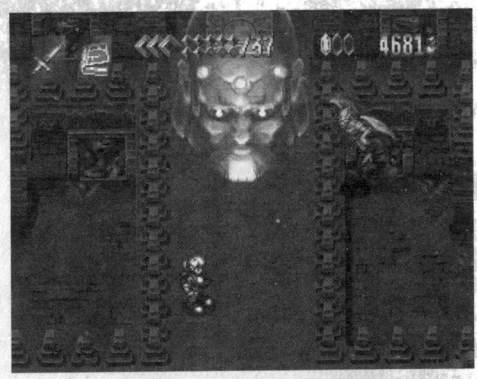

Después, Zorgia concentró toda su energía y lanzó un ataque devastador sobre Nirude. La luz espiritual del guardián se apagó y Zorgia dejó de desplegar sus alas y bajó hacia donde yo estaba. Su mirada
se dirigía hacia mí…

—¡Qué escena más horrible! —dijo—. Y va a ser todavía más horrible si tengo voz y voto en el asunto… Y desafortunadamente para
ti, lo tengo. Tu turno, Alundra. Te llegó la hora…

»No guardo rencor, por supuesto. Solo sigo las órdenes de mi señor
y maestro, Melzas. Una forma muy prudente de actuar, dado su poder.
¿No te parece? Si tienes que odiar a alguien, odia a Melzas, no a mí.
Solo soy un títere, confinado a su completa disposición.

Yo estaba paralizado de miedo. Había despachado a Nirude en
segundos. Entonces Zorgia volvió a concentrar sus fuerzas. Solo un
milagro podía salvarme. ¡Y ocurrió! Zorgia se paró en seco cuando vio
que alguien venía.

—Chis. ¿Quién ha avisado a los enanos? —dijo aquel monstruo—¡Que ya vienen! Qué suerte tienes, Alundra. Parece que tus
amiguitos han llegado para salvarte.

En ese momento, aproveché su despiste para correr hacía él y darle
una buena estocada con mi espada. Pero fallé el golpe y Zorgia me
esquivó sin siquiera mirarme. Impresionante.

—Ha llegado la hora de mi partida, Niño Soñador. Ten seguro que
te encontraré y terminaré esto. Hasta entonces, soñador, que tengas

una vida feliz y alegre. Nunca sabes cuándo terminará todo —concluyó.

Después, Zorgia se fue volando por donde había venido. A los pocos segundos, la sala se había llenado de enanos. En aquella ocasión venían junto a un enano más alto. Tampoco pienses que mucho más, pues no llegaría al metro de altura. El caso es que parecía ser el líder, pues llevaba una capa roja y una corona. Era ese tal Miming.

Aquellos enanos me culparon del asesinato de Nirude. Por suerte, otro milagro estaba a punto de ocurrir. La luz espiritual de Nirude era más débil, pero seguía ahí…

—No… mis chicos —dijo Nirude—. No es él quien hizo esto. Si lo matáis, condenaríais al único que puede salvaros.

Para mí suerte, el guardián contó lo que ahí había sucedido. Además, me dio el Emblema de topacio. Según me contó, había evitado que los Murgg se lo llevaran. Lamentablemente, unas grandes rocas empezaron a caer desde el techo. El lugar se venía abajo. Seguramente, Zorgia había ejecutado su plan b…

—Mi aspecto material está por concluir, mis chicos. Salid de aquí, no sea que también muráis —dijo Nirude.

—Adiós, mi señor… —contestó Miming.

—Ten fe en ti mismo, Alundra. A pesar de las dificultades, ¡al final vencerás!

Aquellas fueron las últimas palabras de Nirude. Los demás logramos escapar a tiempo, pero la cabeza de aquella gran estructura de piedra había explotado. Una vez fuera, Miming se disculpó y me obsequió con un objeto muy curioso: una capa azul. Según me dijo, me ayudaría en mi búsqueda. Me despedí de ellos y pensé que sería buena idea regresar a Inoa. Pronto oscurecería.

No tardé mucho en llegar al pueblo. Y como siempre, antes de ir a dormir aproveché para charlar un rato con sus habitantes. El bueno de Cephas estaba preocupado. Dijo que solo le quedaban dos tumbas en el cementerio, así como que esperaba que yo no tuviera que ocupar una de ellas. Era su forma de decirme que me cuidara.

También hablé con Bergus y Nestus. Me contaron que habían visto un hada en el estanque del oeste. Quizá se inventaban la historia, pero pensé que más tarde echaría un vistazo. Después visité a Septimus. Este me contó que había estado paseando con Lutas. Dijo que su paseo se había visto interrumpido por un accidente muy inesperado. Una roca se desprendió de la pared y estuvo a punto de aplastar a Lutas. ¿Por qué siguió con vida? Te preguntarás. La respuesta es sencilla: Ronan le salvó la vida.

Quizá habíamos dejado que la vehemencia de Ronan condicionara nuestros pensamientos sobre él. Pensé. O quizá Ronan rezaba a Melzas sin ser consciente del peligro que suponía. Igual que había hecho la madre de Meia en el pasado. Pero yo seguía sospechando de él. El propio Jess sospechaba de él. Incluso me contó que últimamente Ronan decía cosas muy extrañas.

Le pregunté directamente a Lutas y él mismo dudaba sobre si Ronan había tenido algo que ver con el incidente. Al salir de su casa vi que Meia había estado espiando desde la puerta. Y me preguntó qué pensaba yo. Si te acuerdas, en aquel último sueño que me mostró Sybill, pude ver a Jess fabricando la Espada Sagrada a través de la inspiración por la muerte de Lutas. Quizá Ronan estaba al tanto y quería evitar a toda costa la muerte de Lutas.

Era rocambolesco, pero estaba convencido. Ronan estaba evitando que semejante arma cayera en mis manos. La cuestión era, tal y como dijo Meia, cómo demonios había logrado Ronan enterarse de eso. Difícilmente se lo habría dicho Sybill. Menos incluso teniendo en cuenta que, probablemente, acabó siendo asesinada por el propio Ronan. En ese punto, Meia sugirió que el error lo podía haber cometido yo mismo.

Como bien sabrás, la primera vez que visité el santuario Ronan me hizo rezar. Por aquel entonces, yo desconocía que aquella estatua era la de Melzas. Según Meia, orar a los dioses era permitir que pudieran penetrar en mi mente. Si estaba en lo cierto, Melzas se habría podido enterar de todo lo que me mostraba Sybill. Aunque aceptar eso era aceptar que Ronan era un emisario de Melzas. Meia sugirió destruir la estatua de Melzas del santuario. Solo así perdería su poder y evitaríamos más intromisiones. Pero al llegar al santuario, Ronan estaba ahí, frente al altar, como de costumbre. Y nos plantó cara…

—La estatua de Melzas está oculta en el sótano del santuario —dijo Meia—. ¡Puedo percibirlo desde aquí!

—¿Oh? Se te han aparecido los dioses, ¿verdad?

—Sí, Ronan. Ha sido maravilloso. Me pidieron que rezara ante ellos…

—¿Pensáis que soy tan tonto como para creeros? Si habéis visto algo, es el demonio, no un dios. Queréis que os lleve a la estatua que guardo, no para venerarla, sino para destruirla. Si me subestimáis, os llevaréis una gran decepción, niños.

—Vale, Ronan. Ahora, no te cruces en mi camino —contestó Meia—. Y por favor, no intentes evitar lo inevitable.

—¡Uf! Chica arrogante. Beaumont siempre ha sabido lo de la estatua de mi santuario. Todo el mundo lo sabe. Y no solo lo aprueban, queridos, sino que también le rezan. Me pregunto cómo reaccionarían si destruyeras el objeto de su fervorosa devoción. Apostaría que su reacción sería mucho menos favorable de lo que suponéis, chiquitines.

—Esto no ha acabado, Ronan. Demostraré a todo el mundo que la estatua es el origen del mal y la destruiré —dijo Meia.

—¡Os tragaréis vuestras palabras blasfemas, herejes!

Esas últimas palabras fueron pronunciadas por Ronan cuando ya le habíamos dado la espalda. Toda la vida recordaré cómo el canciller empezó a reírse a carcajadas como un maníaco. No parecía importarle que sospecháramos de él.

Una vez fuera, cuando Ronan ya no podía oírnos, Meia dijo estar segura de que el canciller era el asesino de Sybill. Además, estaba convencida de que la siguiente víctima podía ser alguien cercano a mí. Meia insistió en que debía proteger al resto de mis amigos antes de que Ronan volviera a atacar. Para facilitar las cosas, propuso quedarse con Septimus mientras yo protegía a Jess. Acepté.

También quedamos en vernos la mañana siguiente. Debíamos encontrar la forma de destruir aquella estatua de Melzas. Por eso, me dirigí inmediatamente a casa de Jess. Quería estar ahí para proteger a mi salvador. No iba a dejar que le pasara nada.

LA PEOR PESADILLA

Nada más llegar, Jess sugirió que descansara. Dijo que siempre estaba de un lado para otro, que tenía cara de agotado. Acepté hacerlo siempre y cuando él subiera conmigo. Me respondió que lo haría, pero más tarde, ya que tenía trabajo en la herrería. No me pareció mal, ya que estando dentro de casa, siempre podría protegerlo, como cuando nos atacó Kline. Así que subí y me tumbé en la cama.

Una vez más, me costó dormir. Incluso hubo un momento en el que me pareció ver a Jess delante de mi cama, mirándome fijamente. Pensé que era su forma de darme las buenas noches. También recuerdo haber soñado con Ronan y lo que había ocurrido en el santuario. A mí me pareció que pasaron diez minutos, pero cuando me desperté ya había amanecido.

Nada más abrir los ojos, vi que Meia estaba en la habitación. Lo que venía a decirme me cambió la vida para siempre.

—¡Despierta! ¡Alundra, despierta! ¡Es Jess! Ya no respira el hedor del aire de este mundo. La gente del pueblo ha ido al cementerio. Ven conmigo, Alundra.

Aquella era la peor pesadilla que iba a vivir jamás. Mi propia pesadilla. Y de esa, nadie podía salvarme. ¿De verdad alguien había matado a Jess estando yo en casa? ¿Había sido culpa mía? Todas esas preguntas asaltaron mi cabeza sin piedad.

Ante todo, tenía que verificar yo mismo los hechos. Sabía que no me mentían, pero al mismo tiempo quería creer que lo hacían. Sin embargo, cuando llegué al cementerio, fue como si el peso de todas aquellas tumbas cayera encima de mí. Jess estaba muerto en el suelo. Todavía no estaba en su ataúd.

Acababan de encontrar su cuerpo. Y lo que es peor: lo habían encontrado ahí, dentro del cementerio. ¿Por qué Jess estaba ahí? Pensé. El caso es que no tardamos en darle el entierro que merecía, con flores preciosas y todos sus amigos presentes. Uno por uno, todos fueron rezando delante de la tumba.

Nunca antes había visto tanta gente en el cementerio. Jess era una de las personas más queridas de Inoa y todos lloraban. Él me había encontrado en la playa y me había tratado como a su propio hijo. Su inmejorable sentido del humor y su bondad lo hacían especial.

Después de rezar, todos los habitantes de Inoa pasaron por mi lado para darme el pésame. Conocían el vínculo que se había creado entre Jess y yo. Meia también estaba visiblemente afectada y no pudo ni mirarme a la cara. Cuando ella se fue, solo quedábamos yo y Ronan en el cementerio. Yo solo podía mirar la tumba de mi amigo y llorar su pérdida. Jess ya no volvería. No volvería a escuchar esos «sabes a lo que me refiero» que tanto me gustaban. Pero a Ronan todo eso le daba igual. Se acercó a mí y me dijo algo que nunca olvidaré…

—Jess te encontró al borde de la muerte y te cuidó para curarte. Y ¿cómo le pagas sus atenciones, Alundra? Matándolo. Sí, Alundra. Solo tú tienes la culpa de la muerte de Jess, ¡asesino!

Siempre he sido una persona calmada. Sin embargo, estando yo de espaldas en ese momento, tuve que contenerme para no cortarle el cuello allí mismo. Jess no merecía eso. Y mucho menos en aquel momento y lugar. Pero juré vengarme. Juré hacer sufrir a ese malnacido. Y juré con todas mis fuerzas liberar al pueblo de Inoa de aquel asesino. Seguro que Ronan había matado a Sybill y también a Jess. Eso

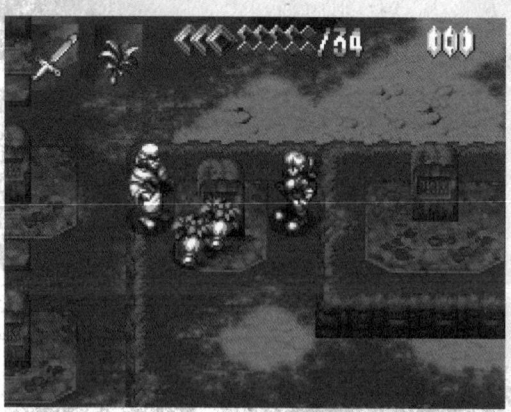

era de lo que me había advertido Sybill.

Ronan era inteligente. Sabía manipular a los demás a través de la fe. La fe no es mala. Lo que es malo es la capacidad de ciertas personas para aprovecharse de la debilidad de los demás. Y Ronan había pensado que resultaba más fácil matar a Jess que mantener a Lutas con vida. Pero no necesitaría la Espada Sagrada para acabar con él y con Melzas de una vez por todas.

Esos fueron los pensamientos que tuve de camino a casa de Jess. Todos habían dado por hecho que yo debía vivir ahí. Y estoy seguro de que Jess lo hubiera querido así. Nada más llegar, vino Septimus a visitarme. Venía a darme algo que me ayudaría a comprender mejor lo sucedido. Me dio una llave. Según dijo, Jess había muerto con esa llave aferrada en la mano. Septimus estaba convencido de que el último deseo de Jess habría sido que yo la tuviera.

Cuando se fue, no tardé en descubrir qué abría esa llave. Jess lo había planeado a conciencia. Si te acuerdas, en la herrería había un cofre muy extraño cerrado con llave. Pues aquella pequeña llave sirvió para abrirlo y dentro hallé una vieja armadura dañada y un diario. ¡Era el diario personal de Jess! De algún modo, Jess volvió a hablarme. Una última vez…

—Alundra. Si lees este mensaje, es porque he muerto. ¡Ay! No es nada bueno, ¿me comprendes? Fui a ver lo que Ronan hacía en el cementerio mientras tú dormías. Sé que sospechabas de él, como yo. Pero no quería que te hicieras cargo tú solo.

»Tengo mucho miedo, Alundra. Mi mano tiembla al escribirte. Debo resistir la tentación de estrujar esta nota y tirarla. Sería muy fácil olvidar todo sobre Ronan, subir y descansar. Pero no puedo hacerlo, mi muchacho…

»Te considero como a mi hijo. Y no quiero que te avergüences de mí. Así que me he llenado de todo el valor que me quedaba para escribirte esta carta antes de salir en busca de Ronan.

»Alundra, después de que mi mujer e hijo fallecieran, quedé destrozado. Tu voluntad de hierro y tu impecable conducta me animaron. Te conocí solo por poco tiempo, pero me alegra haberlo hecho. Gracias, Alundra, mi querido hijo. Con cariño, Jess.

Me quedé sin palabras y tampoco me quedaban lágrimas. Jess se había ido. ¿Qué pasaría conmigo? ¿Qué haría con ese sufrimiento? Mis dedos estaban adormecidos. Mi boca estaba reseca. Mis ojos ardían. En ese instante, se me vinieron a la cabeza un montón de momentos mágicos que había vivido con Jess. Él había confiado en mí ciegamente, incluso cuando todos los demás me rechazaban. Me había hecho sentir como aquello en lo que me había convertido: su hijo. Descansa en paz, padre. Nunca me habría avergonzado de ti. Jamás te olvidaré.

Unas horas después, por fin el día más trágico de mi vida llegó a su fin. Al cerrar los ojos para dormir, todavía podía ver la dulce sonrisa de Jess. Y cuando se desvaneció su imagen, volví a llorar, aquella vez en silencio. Pero eso no borró la pena de mi corazón. Lo último que recuerdo de esa noche es que imploré a los dioses que detuvieran aquella locura. Pero creo que acabé cayendo rendido de sueño. Estaba agotado.

En condiciones normales, lo que pasó la mañana siguiente me hubiera agobiado. No estaba de humor para hacer nada. Pero cuando Gustav se presentó en la puerta de la casa de Jess, pude dejar de pensar en mi salvador un rato. Sorprendentemente, Gustav no estaba ebrio. Venía a pedirme ayuda.

—Alundra… Te necesito —dijo desesperado—. Es mi hija… Elene. ¡Se ha desplomado! Usa tus poderes para salvarla. ¡Te juro que cambiaré mi vida! Te lo suplico.

No dudé ni un segundo en ayudarla. Suficiente había sufrido ya esa familia. Así que me acerqué a su casa. Fuera encontré a Kisha. Había cambiado por completo su opinión con respecto a los dioses. Decía que eran seres desalmados y crueles. Si lo hubiera escuchado su hermano…

Una vez dentro, subí al piso de arriba. Y aquella imagen me resultaba muy familiar: una cama, una persona enferma dentro y mucha gente a su alrededor. El alcalde Beaumont no daba crédito de que eso le pudiera pasar a alguien como Elene. Gustav me dijo que tiraría todas las botellas de licor que tenía en casa si su hija se salvaba. Y Septimus me dijo que Meia ya había entrado en la pesadilla, pero que sola no era capaz de avanzar. Fue entonces cuando Meia me explicó lo que había ocurrido realmente.

—Elene tiene múltiples personalidades. He contado al menos cuatro —dijo preocupada—. Creo que ni tú serías capaz de destruirla, Alundra. ¿Dejarás que te ayude? ¿Me permitirás acompañarte en su sueño?

Le dije que sí. Ambos sabíamos que juntos podíamos hacer prácticamente cualquier cosa, así que entramos. Y os puedo decir que aquel lugar en el que nos encontrábamos era un sitio muy etéreo, con abismos infinitos.

NO MÁS VÍCTIMAS

Aquel sitio era el lugar más laberíntico en el que había estado. Probablemente, eso era un reflejo de las múltiples personalidades de Elene. Después de dar unas cuantas vueltas en círculo, Meia apareció para pedirme ayuda. Me acerqué a la sala donde ella se encontraba y una enorme puerta metálica impedía nuestro paso.

Fue entonces cuando se me ocurrió la táctica más rastrera del mundo. Literalmente, subí a la cabeza de Meia desde una cornisa para alcanzar una repisa desde donde pude abrir la puerta. En cuanto a Meia… digamos que estaba más sorprendida que enfadada, lo que me salvó el pellejo. Si os sirve de consuelo, debéis saber que ella se «vengó» un rato después.

Lo importante es que habíamos logrado superar un reto que, en solitario, habría sido imposible. Y eso iba a ser un denominador común de aquella pesadilla. También recuerdo una sala muy extraña en la que una serie de cascadas dificultaban la visibilidad. Aun así, descubrí un camino secreto que me llevó a otro Halcón Dorado. Más tarde, encontramos una habitación con cuatro grandes y brillantes cristales…

—Ah, ahora empieza la verdadera prueba —dijo Meia—. Debemos destruir las cuatro pesadillas que se han apoderado del subconsciente de Elene. Si solo queda una, ella estará condenada a una muerte horrible.

Entonces nos dimos cuenta de que cada cristal ocultaba un teletransportador. Aunque inicialmente solo podíamos romper uno. Pensé que cada una de las cuatro personalidades nos llevaría a un mundo independiente. Pero las cuatro estaban conectadas. Al final de cada una de esas personalidades, siempre encontrábamos a Elene….

Al vernos, Elene desaparecía y, en su lugar, aparecían monstruos aterradores. Eran gelatinas gigantes como la de la pesadilla de Wendell. Pero había algo extraño en ellas… Dentro de su cuerpo transparente flotaba un orbe en forma de ojo. Estaba en lo más alto de aquellos seres de varios metros de altura. Además, mis estocadas no dañaban a las gelatinas. En su lugar, ese ojo interior bajaba un poco su posición. Al final me di cuenta de que, cuando el ojo estaba en su punto más bajo, un golpe penetrante podía dañarlo.

No obstante, ese punto débil era un arma de doble filo. Para golpear el ojo interior debía acercarme demasiado a las gelatinas. Y según el terreno en el que me enfrentaba a ellas, moverme era complicado. Además, con cada golpe, el ojo volvía a su posición original. No fue fácil derrotar a aquellos monstruos. En mi primer enfrentamiento decidí bautizar aquella criatura como El Ojo Oculto. Estaba mejorando mis aptitudes de bautismo.

Tras completar el último de los retos, encontramos a Elene de nuevo. Y en aquella ocasión, la historia fue muy distinta.

—Ahora que las otras tres pesadillas han sido vencidas, la que queda debe ser la verdadera Elene —comentó Meia.

—¡Sois los asesinos que habéis dado muerte a mis amadas hermanas! —dijo Elene—. He oído sus gritos, sentido su dolor y vivido su miedo. Aunque me apena el desenlace de lo ocurrido, sé que tuvieron que morir para que yo siguiera con vida. Parece que he vuelto a ser la misma. Os lo agradezco profundamente…

Elene estaba feliz por volver a ser ella misma, pero también había perdido una parte de sí misma con la que había convivido mucho tiempo. Supongo que si no pasas por un trauma mental de ese tipo, es complicado ponerse en su lugar. En realidad, la admiraba. Después de pronunciar aquellas palabras, Elene usó su poder mental para sacarnos de aquella pesadilla.

De repente, estábamos de nuevo en casa de Gustav. Y los ahí presentes, estaban ansiosos por saber qué había ocurrido dentro.

—Así que has vuelto —dijo Beaumont—. ¿Se recuperará Elene? ¿La has librado de nuestro… o mejor dicho, de su sufrimiento?

—Lo que dices es muy cruel, Beaumont —respondió Septimus—. Ella es, después de todo, una de tu especie. Pero no importa. Alundra ha logrado salvarla y traerla de vuelta. ¡Debemos alegrarnos!

—¡Elene! ¡Mi hija! ¡Ha abierto los ojos! —gritó Gustav.

En ese momento, Elene salió disparada de la cama y su rostro parecía claramente confundido.

—¿Estoy muerta? ¿Sois ángeles?

—Alundra, nunca me habías impresionado tanto con tu destreza y heroísmo —dijo Septimus—. Y Meia. Tú también debes ser elogiada. ¡Excelente trabajo!

Entonces, Gustav se acercó a mí. Por primera vez, lo vi sonriendo.

—Alundra, te juro que cumpliré mi promesa. No beberé ni un trago mientras viva. Mi hija merece un padre que no recurra al alcohol para afrontar las dificultades de la vida.

Para darme las gracias, Gustav cambió mi látigo de hierro por uno de acero. Y en ese momento, Septimus nos interrumpió.

—Debéis estar agotados. Id a descansar. Me quedaré un rato para asegurarme de que Elene está bien.

Tanto yo como Meia estábamos destrozados. La verdad es que había sido la pesadilla más complicada hasta ese momento, así que aceptamos la propuesta. Pero por enésima vez, volvieron a despertarme de madrugada. Aquella vez fue Kisha, que estaba junto a mi cama…

—Siento venir tan tarde. Es Giles —dijo aterrada—. Se ha vuelto loco, Alundra. Y esta vez está mucho peor. No sé qué hacer. Tienes que ayudarme…

LA LUCHA INTERIOR

Como estaba acostumbrado a que me despertaran, ya me tumbaba siempre con ropa de calle. En ese instante iba a preguntarle a Kisha qué había ocurrido exactamente, pero apareció Septimus.

—Siento despertarte, Alundra. Traigo preocupantes noticias. Giles está atrapado en una pesadilla otra vez. Meia está ahí, pero se niega a entrar en su sueño. No lo entiendo… Una vez más, Alundra, su vida está en tus manos.

La verdad es que entendía a Meia. Giles había sido un insensible con nosotros. Pero estaba siendo manipulado por Ronan y en su interior albergaba una bondad que yo sabía ver. Así que decidí ayudarle y nos fuimos a su casa. Al llegar, creo que todos pensamos lo mismo, pero solo Septimus lo dijo…

—Alundra, estoy aterrado por lo ocurrido aquí. ¡La pesadilla ha vuelto después de haberla destruido!

—Y no solo eso, Septimus —respondió Meia—. ¿Por qué Melzas solo nos ataca con pesadillas?

Mientras nosotros hablábamos, Giles se retorcía de dolor.

—Esto es mala señal —dijo Septimus—. Debemos darnos prisa.

Sabía que la vida de Giles pendía de un hilo, así que me disponía a entrar en su sueño. Pero Meia me interrumpió sin dudarlo ni un instante.

—¡Espera! Creo que comprendo.

—¿Crees que será una trampa? —preguntó Septimus.

—Cuando Melzas utiliza las pesadillas, aterroriza a todos los del pueblo —reflexionaba Meia—. ¿Y qué hacen cuando están asustados? Oran a los dioses. O más bien, a lo que creen que son dioses. Y Melzas incrementa su poder con cada oración. Es una confabulación infernal. Pero ahora que Alundra ha llegado, las cosas han cambiado

»La gente ya no tiene miedo de las pesadillas porque sabe que él puede destruirlas. Y todos se darán cuenta muy pronto de que Melzas es el causante de esas pesadillas malignas. Cuando los habitantes dejen de rezar a Melzas, sus poderes se desvanecerán.

—Entonces, ¿piensas que esta pesadilla fue especialmente elaborada para acabar con tu vida o la de Alundra? —preguntó Septimus.

—No creo que Melzas haya tenido la intención de matar a nadie con pesadillas. No al principio. Las utilizó para asustar a todos en el pueblo. Para atemorizarles y que rezaran —respondió Meia—. Ahora que estamos aquí, las pesadillas se han vuelto mortales. No para matar a la gente de este pueblo, sino a nosotros mismos.

—Pero lo hiciste antes, Alundra —irrumpió Kisha—. Con trampa o sin ella, tengo fe de que triunfarás una vez más. Debes intentarlo.

La situación era verdaderamente tensa. Tanto yo como Septimus estábamos de acuerdo con Meia, pero si no actuaba, Giles moriría seguro. Y justo cuando lo estábamos debatiendo, escuchamos el ruido de unos Murgg. Provenía del exterior de la casa. Nos tenían completamente rodeados. Probablemente, Melzas esperaba que estuviera dentro de la pesadilla de Giles para robarme los Emblemas. Entonces Meia sugirió a Septimus que se llevara a Kisha al piso de arriba mientras yo despachaba a esos Murgg.

No tardé mucho en convertir a aquellos Murgg en puré. La verdad es que el ataque giratorio de aquel látigo de acero era devastador. Cuando volví a entrar, Meia sugirió que entráramos juntos en la pesadilla de Giles. Pero necesitábamos a Septimus, por lo que fui al piso de arriba a buscarle. Al subir las escaleras, escuché un grito atronador de Meia. Yo, Septimus y Kisha bajamos las escaleras como si no hubiera un mañana. El panorama abajo era perturbador.

Giles estaba encima de la cama, pero ya no era humano. Se había convertido en un hombre lobo, exactamente igual que Kline. Y por lo que dijo después, Giles no parecía conservar tampoco su conciencia humana…

—Los dioses me han hablado, Alundra. Me han ordenado matarte.

En ese momento saltó de la cama y estaba dispuesto a abalanzarse sobre mí. Pero Kisha se interpuso en su camino…

—¡Giles! ¡Escúchame! ¡Soy Kisha! ¡Tu hermana! ¡Melzas te ha engañado! No es ningún dios. ¡Es un demonio perverso que quiere destruirnos!

Sabía que Kisha se estaba arriesgando mucho, pero no reaccioné lo suficientemente rápido. Giles usó sus afiladas garras para herir a Kisha, lanzándola contra una pared de aquella habitación.

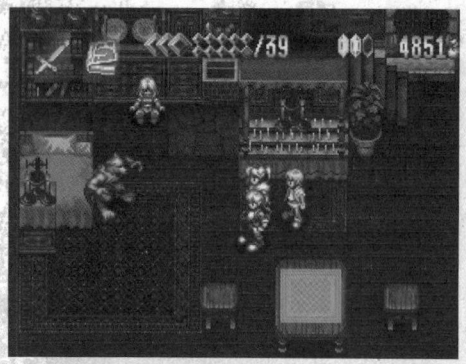

—Alundra, todo rastro de humanidad que había en Giles ha sido erradicado. Todo lo que podemos hacer para aliviarlo de su sufrimiento es destruirlo —dijo Septimus.

Entonces ocurrió algo totalmente inesperado. Giles volvió a su forma original durante unos instantes. No pudo mantenerla mucho tiempo, pero se acercó a Kisha y le habló.

—¿Kisha? ¿Eres tú? ¿Por qué tuvo que ocurrir esto? ¿Quién le hizo esto a ella? ¿Qué? ¿La maté yo? ¡No! ¡No lo hice! ¡Es imposible!

—¡Espera, Alundra! No uses la espada —gritó Meia—. Giles está luchando con los demonios de su mente.

—Tú lo hiciste, Alundra. ¡Si no hubieses llegado a este pueblo, mi hermana seguiría con vida! —exclamó Giles—. No fui yo. ¡Yo no lo hice! ¡Los dioses me lo han dicho! ¡No la maté! ¡Tampoco maté a Sybill! ¡Fue Alundra! Kisha, eres mi hermana. Debes creerme... ¡El dios! ¡Melzas!

En ese momento, Giles hizo un nuevo intento para recuperar su forma humana. Pero no surtió efecto. Luego Kisha le habló. No estaba muerta.

—Giles, por favor. Sé que no eres el Giles de siempre. ¡Lucha contra el invasor que pelea por llevarse tu alma! Lucha con la luz pura que habita en tu corazón.

En un último intento desesperado, Giles recuperó su forma humana. Pero era demasiado tarde. No respiraba. Y de pronto, su cuerpo desapareció. Giles había muerto, como tantos otros. Pero lo había hecho para protegernos. La escena era dantesca y estaba claro que habíamos despertado a los vecinos, ya que Beaumont llegó exaltado.

—En nombre de todo lo sagrado, ¿qué rayos pasa aquí? ¿Tenéis la más mínima idea de qué hora es? ¡Estáis perturbando a todo el pueblo con vuestro barullo!

—Beaumont, Giles ha muerto —aclaró Septimus—. Sostuvo una lucha contra la nueva pesadilla elaborada por Melzas. Pero su maltrecho cuerpo no pudo aguantar el poder que, sin saberlo, desencadenó. Giles prefirió morir como un ser humano y no como un perverso sirviente del mal. Murió para que nosotros pudiéramos vivir.

—Esto ha clarificado todos nuestros problemas —añadió Meia—. Melzas no es un dios de la luz. ¡Es la maléfica fuente del mordaz plan!

—¡Eso es imposible! —exclamó Beaumont—. ¡Oramos a los dioses! ¡No a los mensajeros del mal! Nunca podríamos ser engañados. ¿O sí?

—¡Qué ridículo! Arriesgamos nuestras vidas para salvar a este pueblo y encima no hacen caso de nuestras advertencias —contestó Meia—. Ni siquiera intentan comprenderlo. Pero ¿por qué no me sorprende? Siempre hemos sido unos forasteros. Nunca nos han tomado en cuenta hasta que ha sido demasiado tarde.

Nadie osó responder a Meia, que se fue como un rayo de ahí. Por suerte, Septimus recogió el guante e intentó hacer que Beaumont entrara en razón.

—Meia tiene razón, Beaumont. ¡La gente del pueblo ha estado orando a Melzas! Aunque no sabían lo que hacían, Melzas usó el poder que le dieron para crear las pesadillas.

—Hemos rezado a los dioses desde el principio de los tiempos —contestó Beaumont—. Así hemos afrontado los momentos más difíciles. ¿Qué haremos si extirpamos de golpe nuestro credo… nuestra fe?

—Si deseas la paz para este pueblo, sugiero que ores por el éxito de Alundra en su lucha contra Melzas. Si los dioses van a salvarnos del mal, con certeza de que él es el salvador que han elegido para nosotros —concluyó Septimus.

Giles había rezado más que nadie para que la paz retornara al pueblo. Pero eso solo le había hecho más vulnerable a las manipulaciones de Melzas. Múltiples pensamientos de ira y venganza llenaron mi mente cuando me fui a dormir aquella noche. ¿Había sido Giles el que había asesinado a Sybill? ¿O es lo que le había hecho creer Ronan? ¿Decidió morir cuando se dio cuenta de todo lo que había llegado a hacer? Solo estaba seguro de que Giles era una víctima con un destino trágico. Y Ronan iba a pagar también por eso.

Al día siguiente visité a Kisha. Meia se había quedado a dormir con ella. Además, me comentó que había registrado los cuerpos de aquellos Murgg que yo había derrotado y había encontrado una especie de gema en forma de árbol. Meia me dijo que los bosques de Murgg estaban al noroeste del pueblo, pero que estaban infestados de espinos. Y sugirió que, sin una varita de fuego, iba a ser imposible abrirse paso. Le dije que ya me había adelantado a eso.

Pero antes de visitar a los Murgg y enfrentarme a Zazan para recuperar los Emblemas robados, quise quedarme un rato en Inoa. En casa del alcalde, Thyea aseguró que orarían por Giles, incluso aunque no tuviéramos un cuerpo físico al que llorar. La verdad es que no entiendo por qué desapareció su cuerpo. Quizá luchar de forma tan profunda contra su alma corrupta la acabó destruyendo. Y sin alma, supongo que tampoco puede haber cuerpo...

Cambiando de tema, te gustará saber que Gustav estaba cumpliendo su promesa. Por su parte, Elene me dijo que por fin podía hablar y escuchar una sola voz. Creo que, generalmente, las personas no somos conscientes de lo complejos que son los problemas mentales. Ni tampoco de la poca empatía que tenemos hacia ellos.

Aquello me dio fuerzas para partir en busca de los Emblemas robados. Pero antes investigué aquel estanque en el que supuestamente Bergus y Nestus habían visto un hada. Al llegar, vi un remolino gigante muy sospechoso. Debajo se escondía un misterioso estanque subterráneo al que solo pude entrar con la ayuda de la capa que me había dado Miming. Con ella, podía respirar debajo del agua.

Me costó mucho adaptarme a mi cuerpo debajo del agua. La capa también me permitía caminar por el fondo del estanque como si fuera una superficie terrestre. Y eso se traducía en que podía saltar más alto, pero también tardaba mucho más en aterrizar. Por suerte, algo importante me esperaba al final del estanque. Un ser de luz que, efectivamente, parecía un hada, apareció de la nada. Nestus y Bergus no eran tan fantasiosos...

—Estoy asombrada y orgullosa de que hayas llegado tan lejos, Libertador. Soy Stenia, Reina de las Aguas —me dijo—. Los ríos y océanos han mostrado a mi corazón tus acciones. En la historia de la humanidad, hubo muchos dioses. No hace mucho, había una raza de dioses gigantes llamados los Gazeck.

»Tú te encontraste con uno: Nirude. Los Gazeck fueron esculpidos en piedra por las manos de ancianos humanos. Los ancianos veneraron y temieron a los siete Gazeck. Pronto, de sus plegarias, nacieron aquellos dioses Gazeck. Se convirtieron en lo que los humanos creyeron que serían. Pero los dioses no querían compartir el poder de la oración humana.

»Lucharon entre ellos para lograrlo. Se mataban unos a otros por el precio de la adulación humana. Solo Nirude sobrevivió. No quiso luchar contra sus compañeros dioses y contempló con el corazón en un puño cómo se mataban entre hermanos. Pero cuando se calmó la masacre, Nirude vio que ya no era un dios. Los humanos perdieron la fe en los Gazeck enfrentados. Y un dios no puede existir sin la fe de otros...

»Pronto, las plegarias de la gente crearon otro dios. Era Melzas. Pero no era el dios de la paz eterna que habían pedido. Era incluso peor que aquello en lo que se habían convertido los Gazeck. Y usaba el miedo para ganarse la fe de los humanos. Pero Melzas temía la sabiduría de los humanos. Sabía que podían arrebatarle el poder. Y así comenzó a dar muerte a todos aquellos que amenazaban su existencia. De alguna forma, tú has conseguido escapar a sus maquinaciones hasta ahora...

De repente, un fuerte estruendo se escuchó en aquella cueva en la que me encontraba. Y las rocas del techo empezaron a desprenderse encima de nuestras cabezas.

—Melzas nos observa, Alundra. Ha utilizado mi propia agua contra mí. ¡Toma esto! Melzas pronto destruirá este lugar. ¡Márchate, Alundra! ¡Debes darte prisa! ¡Se aproxima la destrucción!

Esas fueron las últimas palabras de Stenia antes de darme la Hoja Maligna y desaparecer. Al final logré salir de ahí con vida, pero cuando llegué a la superficie del río, aquel remolino se había esfumado para siempre.

EL BOSQUE DE LOS PELADOS

Seguía conmocionado por lo que acababa de ver, pero no podía perder más tiempo así que me fui directo al bosque de los Murgg. Y en la entrada vi una puerta de madera enorme que bloqueaba el paso. Por suerte, aquella gema que me dio Meia sirvió como llave para entrar.

Una vez dentro, no tardé en encontrarme con un par de esos malditos Murgg. Uno parecía ser el líder.

—Vete de aquí, pelado —me dijo—. ¡La pena por desobediencia es la muerte!

Me había cargado decenas de Murgg como para tener miedo, así que no me moví ni un centímetro.

—¡Insolente y pelado! —dijo enojado—. Prepárate. ¡Te voy a hacer puré! ¡Arrodíllate y ríndete ante tus ejecutores!

En ese momento, el otro Murgg lanzó una bola de pinchos cerca de mí. Con tan mala puntería que ni me rozó.

—Uf… ¡Eres ágil! ¡Pero no escaparás a la muerte! —dijo el líder.

La verdad es que no me había movido ni un milímetro. Cuando sí lo hice, para acercarme a ellos, su reacción dejó clara su auténtica naturaleza: eran unos cobardes.

—¡Retirada! ¡Nos retiramos! ¡Deprisa! —dijo aquel líder de pacotilla.

Cuando me quedé solo, pude explorar con tranquilidad las cuevas que había en el bosque. En aquel periplo conseguí el Arco de Sauce. Un nuevo arco con poder mágico y un gran alcance.

De todas formas, el peor peligro de aquel lugar no fueron ni los Murgg ni los monstruos, sino un reto diabólico. Solo os diré que había dos puentes a diferentes alturas y con distintos sistemas de bloqueo. El resultado eran decenas de combinaciones para volverse loco en aquel laberinto cargado por el diablo. Como curiosidad, ese día descubrí que los Murgg eran grandes amantes del vino. Supongo que les «Gustava» mucho beber. Sí, ya sé que la palabra gustaba se escribe con b. Tener que explicar un chiste… en fin. Prometo que mejoraré.

Ya en el exterior, en lo más alto de aquel bosque, me dispuse a avanzar hacia el hogar de los Murgg. Pero antes, al este de aquel lugar encontré un nuevo Halcón Dorado. Al norte de ahí, llegué a la entrada de aquella gigantesca estructura de madera tallada alrededor del árbol más grande que había presenciado. Me paré un momento para admirarla y, de repente, unos barrotes de madera con forma de lanza me cerraron el paso. Al dar un paso atrás, más barrotes aparecieron a mi espalda. En pocos segundos, estaba atrapado en una improvisada celda.

Los malditos Murgg no tardaron en acudir al lugar y recoger su botín para trasladarme a la auténtica prisión del lugar. Por primera vez en mis aventuras, había sido capturado. Estuve cerca de rendirme, pero entonces escuché una voz que venía de la habitación de al lado. Los Murgg habían capturado a otro humano…

—También te han cogido esos monos, ¿eh? ¡Esos bichos cogieron todas mis cosas y me arrojaron a este horrible lugar! —dijo esa persona.

Probablemente, ese señor, que dijo llamarse Keysmith, llevaba ahí mucho tiempo. Tuve miedo de pasar ahí el resto de mi vida. Por suerte, reventé una pared agrietada con una de mis bombas. Aunque parezca mentira, conservaba todas mis cosas. La única explicación lógica que encuentro es que los Murgg que me trasladaron estaban borrachos.

En menos de lo que canta un gallo, había salido de ahí. Aunque aquella salida improvisada no permitió que liberara a Keysmith. De hecho, me encontraba en un lugar bastante oscuro y laberíntico. Parecía que estuviera dentro del árbol, cuyas ramas eran como conductos de ventilación. Al final llegué al exterior y pude ver que el árbol era realmente la casa de los Murgg. Habían tallado múltiples entradas a diferentes alturas. Mi objetivo era escalar aquella torre.

Sin embargo, la única entrada exterior que tenía a la vista me llevaba a un pasillo muy largo que terminaba en un ascensor. Y estaba cerrado con una llave que no tenía. Di vueltas como un tonto durante horas. Hasta que llegué a la prisión en la que me habían encerrado previamente. Aunque para conseguirlo, volví a entrar por una chimenea. Delante de mi celda estaban los Murgg, intentando comprender cómo había escapado sin abrir la puerta. Muy listos no eran. Acabé con ellos y entonces Keysmith se dirigió hacia mí.

—¡Uf! ¡Muy buen trabajo! ¿Te importaría dejar salir a uno de los «pelados»?

Aunque no me lo hubiera pedido, le habría liberado de aquella asquerosa celda. Así que abrí la puerta utilizando una palanca a mi lado.

—Empezaba a preocuparme un poco. ¡Gracias por echarme una mano, tío! —exclamó aliviado.

No pude ni contestarle porque el tío se fue corriendo muy emocionado. Lo debían alimentar bien porque corría que daba gusto. Lo seguí y al final resultó que un cofre cerrado en el piso superior contenía las pertenencias de aquel hombre.

Keysmith dijo que lo mejor era escapar cuando los Murgg se durmieran. Pero, una vez más, no me dio oportunidad de decir nada, que ya se estaba moviendo. Sin embargo, cuando intentó salir de la habitación, vio que la puerta estaba cerrada. Y entrar por la chimenea es muy fácil, pero salir por ella…

—Mmm… está cerrada —dijo—. Bueno… hasta que ponga en práctica mi famoso talento… ¡Mira!

De repente, se escuchó un sonido muy reconfortante. La puerta se había abierto y Keysmith había vuelto a desaparecer. ¿Qué demonios? ¿Era ese tío una especie de ladrón? Pensé. En cualquier caso, había hecho bien liberándolo. Su habilidad me vendría bien para abrir aquella puerta del ascensor. El tío decía que todavía no se había fabricado puerta ni cerradura que se resistiera a sus habilidades. Y no vacilaba, pues gracias a él pude acceder al ascensor. Ese artilugio me llevó a otro ascensor igual. Y al exterior desde ahí, a la derecha, pude encontrar un nuevo Halcón Dorado. Estaba ligeramente oculto por las hojas de una de las ramas del árbol.

Al final, gracias a las inestimables habilidades de Keysmith, pude llegar a la cima del árbol. El lugar en el que esperaba Zazan. Sin duda, era el enemigo más temible al que me había enfrentado hasta ese momento. Y cuando lo vi, mis piernas temblaron.

—¿Quién… se atreve a retarme? —me dijo—. ¿Qué? Un simple chicuelo… Eres el enemigo número uno de los Murgg. ¡Me daré un festín con tus entrañas!

Zazan medía al menos cuatro metros de alto. Era fuerte y corpulento y sus ojos eran de color rojo inyectados en sangre. No creo que fuera casual; tenía que estar bajo el influjo de Melzas. Zazan era letal incluso a larga distancia. Además, cuando realizaba su ataque giratorio con sus brazos extendidos, se movía a una velocidad endiablada. Ni falta hace decir que, durante esos instantes, era inmune a mis ataques. Y esquivarlo era harto complicado.

También podía lanzar rocas gigantes con suma facilidad demostrando su poder físico y, en ocasiones, se movía intencionadamente de forma impredecible. Creo que estaba enloqueciendo, pero tuve la sensación de escuchar una música muy extraña. Era penetrante y agresiva. Ese día estuve cerca de descubrir si las esencias maravillosas eran o no un engaño publicitario, pero conseguí derrotar a Zazan, rey de los Murgg. Por fin, pude recuperar aquellos dos Emblemas robados: el Emblema Granate y el Emblema Ágata. Ya tenía cinco en posesión. Además, los habitantes de Inoa ya no tendrían que temer a los Murgg.

¿QUÉ OCULTA CEPHAS?

Cuando por fin llegué a Inoa ocurrió algo con lo que ya estaba muy familiarizado: un terremoto sacudió el pueblo. No causó daños, porque parecía que el foco estaba lejos, pero sin duda se trataba de algo gordo. Cerca de la entrada estaba Meia. Se alegró mucho de verme, pero el terremoto había interrumpido nuestro reencuentro.

Algunos habitantes de Inoa, como Phineas o su hijo Bonaire, estaban convencidos de que el volcán de la Montaña Torla había entrado en erupción. Y justamente por eso, Meia me hizo prometer que solo entraría ahí si lograba extinguir primero las llamas. Por suerte, me había vuelto a adelantar, ya que la Vara de hielo estaba en mi colección de armas.

Como la Montaña Torla estaba al noreste de Inoa, pasé por el cementerio y visité a Cephas. Me dijo que era estrictamente necesario que fuera a la montaña. Que podía confiar en él y que decir más pondría su vida en peligro. ¿Qué escondía ese señor de cara tan pálida? Siempre había pensado que sabía algo más.

No me preguntes cómo pasó, pero en ese momento recordé que tiempo atrás había sobornado a Lurvy. Así que le pediría que arreglara gratis la armadura dañada de Jess. El herrero cumplió su promesa. Y de paso, al lado de aquella casa encontré un pozo. Dentro pude quemar un matorral para llegar a un nuevo Halcón Dorado.

Volviendo a mis aventuras, no fue fácil acceder a la Montaña Torla. Solo los grandes montañistas con buena orientación podían escalar aquello y encontrar el volcán. Cuando por fin entré en aquel lugar, me di cuenta enseguida del tipo de retos que me esperaban. Tendría que combinar la vara de fuego con la de hielo de forma constante. Y de múltiples formas.

En aquel volcán también encontré unos monstruos muy duros de roer. Eran aves de fuego extremadamente rápidas y capaces de volar a distintas alturas. Por supuesto, el lugar también estaba plagado de peligros relacionados con el fuego, que estaba causando estragos por la erupción. Por suerte, ahí dentro encontré las botas encantadas. En esencia, permitían caminar por la lava como si nada.

Tras superar una serie de complicados retos intelectuales, acabé encontrando un gran puente de madera custodiado por esas aves de fuego. Combatiendo contra ellas perdí el equilibrio y me caí. Por suerte, no morí al caer, sino que descubrí una habitación secreta que ocultaba otro Halcón Dorado.

Finalmente, llegué a un callejón sin salida donde había un nuevo teletransportador. Además, justo ahí conseguí el libro de fuego. Tras recoger mi premio, entré en aquel teletransportador. Y estaba cerca de comprender lo que había dicho Cephas. De repente, me encontraba encima de una roca enorme, rodeada por un mar de lava. Y delante de mis narices apareció un dragón enorme. Solo su cabeza era cuatro veces más grande que yo. Además, estaba completamente acorralado. De repente, ese dragón me habló.

—Bienvenido, Libertador. Siento la calidez de los Emblemas que aún posees. Soy Wilda, uno de los siete. Una vez fui el Rey de la Destrucción. Fui un dios. Estoy impresionado de que hayas obtenido cinco Emblemas.

Pensé que estaba salvado. Wilda era de los buenos y probablemente tenía otro Emblema para mí. Pero luego, algo se torció…

—Hasta que no esté convencido de tu verdadero poder, no lograrás el sexto —dijo—. ¡Rétame, Libertador!

Estaba paralizado por el miedo, pero no tuve más remedio que luchar. El combate que ahí se libró fue verdaderamente épico. Las cenizas seguían volando, el calor era insoportable y ese dragón, cuyo cuerpo salía de la propia lava, era inmune a mis ataques. Y muy poderoso.

Por suerte, contaba con mi vara de hielo, que fue fundamental. Disponía de muy poco espacio para esquivar las bolas de fuego que el dragón me lanzaba. Además, este podía provocar la caída de rocas para desestabilizarme. Y si me acercaba mucho, me lanzaba su poderoso aliento de fuego.

Fue un combate largo e intenso. Supe que había ganado cuando, en uno de mis ataques, el dragón quedó completamente congelado. Incluso así, Wilda utilizó su último aliento para hablarme…

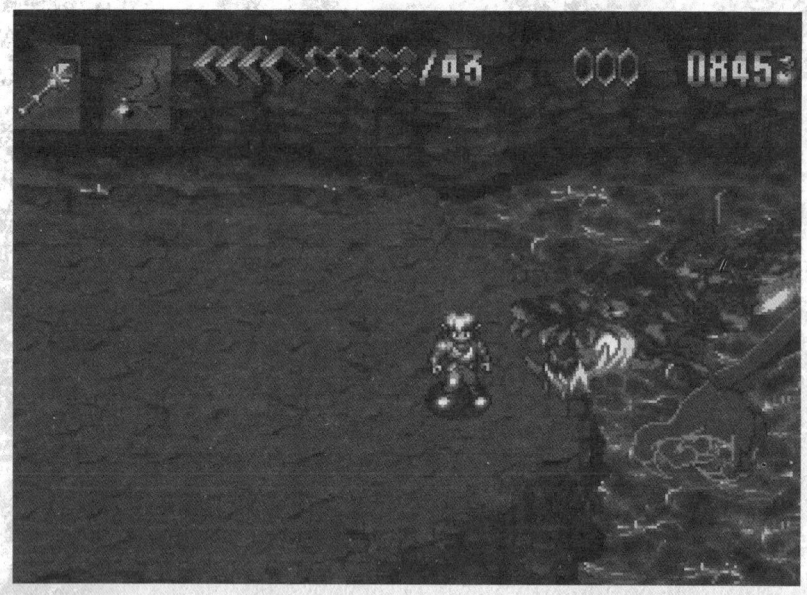

—Vosotros, humanos, os habéis hecho fuertes durante mi prolongado reposo. Quizá aún tengáis el poder de matar a Melzas finalmente. Ahora volveré a mi sueño, Libertador. Esta vez, para siempre. Pero antes cumpliré mi promesa. Coge esto.

Wilda me dio el Emblema esmeralda. Pero su tiempo se estaba agotando…

—Usaré el poder que me queda para devolverte al mundo en el que aún viven los humanos —me dijo—. Adiós, Libertador.

A partir de ahí mis recuerdos son borrosos. Pero antes de quedar inconsciente, pude ver perfectamente como Wilda explotaba en mil pedazos. Era un final triste y cruel, pero necesario. De todas formas, tenía otras preocupaciones… Sobre todo, Ronan. ¿Cuándo rompería su silencio? ¿Y qué pasaba con los Murgg? Demasiadas preguntas…

EL REFLEJO DE DOS POLOS OPUESTOS

Lo siguiente que recuerdo es estar tumbado en casa de Jess. Pensé que todo había sido un sueño. Pero el Emblema estaba ahí, en la mesita de noche. Como de costumbre, alguien interrumpió mis horas de sueño.

Era Meia y traía malas noticias. Los Murgg habían raptado a Bergus. No tardamos ni dos minutos en llegar a casa de Meade, que nos recibió al instante.

—Gracias por venir a estas altas horas, Alundra —dijo temblando—. ¿Te han contado lo que pasó? Mandé a Nestus y a Bergus a dormir hace unas horas. Wendell, Rumi y yo estábamos aquí abajo. Y de repente oímos el cristal romperse en añicos. Subí de inmediato y vi a los Murgg saltando por la ventana y llevándose a Bergus. Traté de alcanzarlos, pero se los tragó la oscuridad.

»Esta es mi peor pesadilla hecha realidad, Alundra. ¡Por favor! No hay nadie más en este pueblo al que pueda acudir.

Nada más escuchar la historia, subí al piso de arriba. Pensé que quizá Nestus habría visto algo más. Pero de los dos gemelos, él era el más sensible y estaba hecho polvo por la ausencia de Bergus. Entonces llegó Septimus. Había llegado tarde por una buena razón…

—He hallado la forma de encontrar a Bergus —dijo.

—Nestus… Al fin se ha dormido —interrumpió Rumi—. Ha estado llorando casi tanto como yo.

—¿De verdad? ¡Muy oportuno! —exclamó Septimus—. Según mis conocimientos sobre sueños, los gemelos idénticos no solo tienen el mismo aspecto, sino que a menudo también sueñan lo mismo.

—¡Tienes razón! —contestó Meia—. Al ser gemelos, Bergus y Nestus son como una única mente. Alundra, seguro que puedes entrar en el sueño de Nestus y retornar al mundo consciente de Bergus. Aunque necesitarás que ambos estén dormidos.

Era una idea brillante. Si Nestus y Bergus estaban realmente conectados por un sueño, seguro que podría despertar en el mismo lugar en el que se encontrara cualquiera de los dos. Pero… ¿tan fuerte era esa conexión entre gemelos? Dudé. En ese momento, Septimus se puso serio.

—Alundra, solo tú puedes hacerlo. Creo que podemos asumir que Bergus ha sido llevado a la torre del árbol gigante. Lo que significa que estarás rodeado de Murgg cuando despiertes. No los subestimes.

Asentí con la cabeza y entré rápidamente en el sueño de Nestus. Pero absolutamente nada de lo que había aprendido antes serviría en aquel lugar. De entrada, sonaba una música celestial muy bonita. Y el lugar no era tenebroso, sino más bien todo lo contrario. De alguna forma, el carácter alegre y tranquilo de Nestus se veía reflejado en su sueño. De repente, escuché una voz.

—¿Puedes oírme? Soy Meia. A pesar de que Nestus y Bergus son mellizos físicamente, en realidad son dos polos opuestos. ¿Comprendes lo que digo? Si no está claro ahora, pronto lo verás. Solo espero que me entiendas…

Poco podía imaginar en aquel momento que lo de polos opuestos iba a ser algo tan literal en aquel extraño y onírico lugar. En mi camino encontré algunos Murgg. Fue extraño, ya que no parecía que hubiera monstruos en el sueño de Nestus. Pero no le di más importancia.

A los pocos minutos comprendí lo de los polos opuestos. Un teletransportador me había llevado a una sala exactamente igual a la anterior, pero con un ambiente distinto. Como si todo fuera de color sepia. En realidad, ya no estaba en el sueño de Nestus, sino en el de Bergus. Efectivamente, estaban soñando lo mismo. Pero todo lo que en un sueño estaba a la izquierda, en el otro estaba a la derecha (o invertido de otras formas). Ir «jugando» con los dos polos opuestos de forma simultánea fue esencial para avanzar. Hasta que llegué a mi destino final: una sala con un teletransportador en la que encontré un nuevo Halcón Dorado.

Lo habitual era terminar aquellos sueños con un enfrentamiento contra un horrible monstruo, ¿verdad? Pues ese teletransportador me demostró que las cosas podían ser distintas en un sueño doble. De hecho, acabé encontrando dos terribles monstruos. Dos gárgolas inmensas, para ser preciso.

Lo peor de todo era que sincronizaban sus ataques como si en medio hubiera un espejo. Solo que ese «espejo» era yo. Lanzaban unos rayos de plasma gigantescos. Por suerte, descubrí que podía centrarme solo en una, ya que ambas recibían el daño. Sus gritos también estaban sincronizados. Después de unos minutos, lo logré. Había vencido a las Mellizas del terror. Menos mal, echaba de menos lo de bautizar.

Después de mi victoria, vi aparecer a Bergus en una especie de bola de energía. El chico estaba dormido dentro de la bola. Supe que era Bergus porque el enfrentamiento había sido en un lugar en el que todo se veía de color sepia. En ese momento, intenté sincronizar mi mente con la de Bergus y… ¡bingo! Me desperté en la prisión de la torre del árbol en la que los Murgg me habían retenido una vez. Y ahí estaba Bergus, en cuerpo y alma. Lo desperté con la intención de huir lo más rápido posible.

—¡Alundra! —gritó Bergus—. ¿Has venido a rescatarme? Cuando los Murgg me trajeron aquí, me drogaron para que durmiera. Tuve sueños horribles. ¡Soñé que caminaba por mi propio sueño hasta llegar aquí! Qué locura, ¿eh?

Algo no cuadraba. ¿Con qué intención lo habían drogado? Pensé. Algo no iba bien. Además, estábamos encerrados en la celda. Y no había ninguna pared agrietada en aquella ocasión. A Bergus le llamó la atención una estatua de Melzas que había ahí. Lo vi muy asustado, así que decidí destruirla. De paso, impediría que los Murgg pudieran rezar.

Al destruir la estatua, los golpes provocaron un desprendimiento de rocas. Con tanta suerte que una de ellas golpeó la palanca del exterior, dejando nuestra puerta totalmente abierta. Una vez despejado el camino, salimos de ahí pitando. Pero Bergus volvió a demostrar su carácter despreocupado y travieso. Me dijo que conocía un atajo para llegar a Inoa y que el último en llegar sería un cochino Murgg. ¡Os juro que era más rápido que yo!

LAS LLAMAS DEL ENGAÑO

No podía dejar que lo capturaran, así que me fui corriendo tras él. Pero llegué tarde a Inoa. Y no me refiero solo a que Bergus había llegado antes, sino a algo mucho peor. El pueblo estaba sumido en llamas. Alguien lo había incendiado por completo. Y había gente desplomada en el suelo.

Una de esas personas era Myra, que yacía quieta en un sueño eterno mientras su dulce morada se hacía humo. Mis ojos también ardían, pero de rabia. También vi el cuerpo de Bonaire. Pero era tarde. Se había embarcado en su último viaje. Ojalá sus almas estuvieran con la de su querida Nadia, pensé.

Tenía que encontrar a los supervivientes. Si los había. Y Bergus no podía andar lejos, así que subí hasta su casa. En efecto, estaba en

la entrada, pero la vivienda ardía en llamas, como la gran mayoría. Y para colmo, había Murgg por todas partes. La rabia me consumía de tal manera, que por primera vez sentí que los asesinaba a sangre fría. Cuando dejaron de escucharse gritos, me dirigí a casa de Beaumont.

Desde fuera, parecía ser la menos afectada. Y ahí estaba el alcalde, esperándonos a mí y a Bergus.

—Salvaste a Bergus y venciste a los Murgg —me dijo—. Solo me queda agradecerte de nuevo tu heroísmo. Todos hemos puesto nuestra fe en ti. Los supervivientes se han reunido aquí. Deberías hablar con ellos para levantarles el ánimo.

Al entrar en la casa, Rumi vino corriendo a recibir a Bergus. Pero algo raro estaba pasando.

—¡Mami! ¡Estás bien! Cuando vi nuestra casa en llamas tuve tanto miedo… —dijo Bergus.

—¡Bergus! Sabía que estarías bien. Siempre has sido un luchador —respondió su madre aliviada—. Gracias, Alundra. Nunca podré pagarte, pero prometo ayudarte en lo que pueda.

Rumi cogió a Bergus de la mano y se lo llevó al piso de arriba. En la mesa del comedor estaban la gran mayoría de habitantes de Inoa, pero no pude evitar seguir primero a Rumi. Necesitaba saber que Nestus estaba bien. Una vez arriba, me recibió Talis, el hijo de Beaumont. Y lo que me dijo, aun con aquella situación dramática, me sacó una sonrisa…

—Campesino. Cuando los Murgg vengan a devorarme, quiero que tomes mi lugar.

En el fondo del corazón de ese niño engreído podía verse una gran bondad. Por suerte, Nestus estaba ahí. Pero no pude contener las lágrimas cuando me di cuenta de que Wendell y Meade no estaban. Rumi me explicó que ellos habían sido los primeros en defender el pueblo al enfrentarse a los Murgg. Y les había costado la vida. Jamás olvidaría su valentía. Cuando volví al piso de abajo, al fin pude atar cabos. Septimus confirmó mi teoría…

—Granujas malnacidos —empezó diciendo—. Aparecieron en el segundo piso de la casa de Wendell y lograron pasar del sueño de Bergus al de Nestus. No poseen el poder para hacer eso por sí solos, Alundra.

Estaba claro. En ningún momento habían querido hacerle daño a Bergus. Lo habían drogado para que se durmiese. Y no les bastaba con llegar a Inoa a través de Nestus; también necesitaban que yo hiciera el camino a la inversa. De esa forma, el pueblo quedaba desprotegido. También cobró sentido lo de haber encontrado algún Murgg en el sueño. No eran producto del sueño, sino Murgg auténticos que estaban viajando. Si hubiera prestado más atención…

Yo no era el único que se sentía culpable. Meia me pidió disculpas por no haber podido proteger a la gente del pueblo. También estaban por ahí Naomi y su marido Yuri. Ella me dijo que no había visto a Sierra y que estaba muy preocupada por si los Murgg la habían devorado. Fein y Lutas también estaban ahí. Este último estaba preocupado por Ronan, que no había aparecido. Tampoco estaba ahí Elene. Y cuando hablé con Gustav, se confirmaron mis peores pensamientos…

—Elene por fin había vuelto en sí, Alundra —me dijo—. Por primera vez en mucho tiempo. Y ahora se ha ido para siempre. ¡No descansaré hasta derramar la última gota de sangre de cada Murgg que aún quede con vida! ¡Hasta destruir sus vidas de la misma forma en que acabaron con la mía!

A veces la vida es más surrealista que la ficción. Gustav había perdido a su mujer primero y a su hija después. De todas formas, me alivió ver con vida a Yustel y a Kisha. La adivina aseguró que los Murgg todavía causarían problemas. Y Kisha juró que lucharía contra los mismísimos dioses si hacía falta para restaurar la paz de Inoa. Parecía mentira cómo había cambiado. Después de hablar con ellas, Beaumont se acercó. Estábamos todos alrededor de la mesa principal del comedor. Se puso como cabeza de mesa y se dirigió a todos los presentes.

—Escuchad, por favor —dijo—. Tenemos que decidir nuestro siguiente paso. Y rápido.

—Deberíamos ir a los bosques de Murgg y quemarlos hasta que no quede nada —sugirió Gustav.

—No somos suficientes para luchar, Gustav —respondió Yustel—. Y ya he visto a demasiados de los nuestros ser asesinados por esos malditos Murgg para correr el riesgo de ver a más.

—¡Caramba! Te has vuelto una cobarde con los años, Yustel —añadió Gustav—. ¡Debemos actuar con firmeza!

—Cálmate, Gustav. Entiendo tu deseo de venganza, pero hay que pensar en todo detalle —dijo Septimus—. Creo que deberíamos fusionar nuestros pensamientos en uno solo, poderoso y único.

—Estoy de acuerdo con Septimus —dijo Beaumont—. Debemos combinar nuestras mentes para conseguirlo.

En ese momento, todos escuchamos una voz muy reconocible. Era la de Ronan, que acababa de entrar.

—Beaumont… ¿Te han convertido Alundra y sus amigos en un blasfemo?

—Creo que incluso el más fiel de nosotros ya se habrá dado cuenta de la razón de nuestras pesadillas y el motivo de los ataques de los Murgg —respondió Beaumont.

—¿Estás preparado para traicionar a los dioses como los demás? —preguntó Ronan—. ¿Desechar así, de repente, tu propia fe?

—Los dioses que una vez conocimos, ya no nos protegen —contestó Beaumont.

—Los dioses ya no están para protegernos —añadió Kisha—. ¡Todo lo que nos queda es un malvado torturador!

—Yo también creo eso —dijo tímidamente Lutas—. Si realmente existieran los dioses, jamás hubiesen dejado que nos pasaran tantas cosas terribles.

—¡Sois unos imbéciles! —exclamó Ronan—. ¿Por qué siempre esperáis todo de los dioses? Sabiendo que los dioses nos observan y nos guían, ¿por qué los tenéis que poner a prueba una y otra vez?

—Ronan, hemos estado orando a un demonio disfrazado de dios de la luz —respondió Beaumont—. Y ese demonio, Melzas, quiere destruirnos. Es innegable.

—¡Correcto! Melzas ha abusado de nosotros y nos ha traicionado —añadió Kisha.

—Cuando quemamos a nuestros ídolos y dejamos de adorarlos, Melzas nos arrebató la habilidad de crear —dijo Septimus.

—¿De qué hablas? —interrumpió Ronan—. Todo lo contrario. Los dioses te han dado el poder de controlar tus sueños.

—Estáis todos equivocados —comentó Meia—. No habéis logrado entender lo que ocurre en realidad.

—¿Qué estás diciendo? —preguntó Ronan.

—Ni yo misma lo había comprendido hasta hace un momento —siguió Meia—. Creéis que Melzas se enfureció con nosotros cuando dejamos de rezarle. Y que nos castigó arrebatándonos el poder de crear. Pero no fue así. Cuando orábamos a las estatuas e ídolos, Melzas se hacía fuerte. Y cuando quemamos las estatuas, la gente dejó de rendirles culto. Melzas sintió que su fuerza empezaba a decaer.

»Se tuvo que dar cuenta de la causa… Quizá se preguntó qué pasaría si orábamos de nuevo. Pero, en vez de a Melzas, podíamos rezarle a un nuevo dios. Y Melzas tuvo miedo. Se atemorizó de que creáramos otro dios en su lugar. Le asustó la idea de perecer y quedar en el olvido. Para preservarse, Melzas tuvo que asegurarse de que siguiéramos rezándole solo a él.

—¿Quieres decir que en realidad nunca perdimos nuestro poder creativo? —preguntó Septimus—. ¿Que todo fue solo una simple ilusión?

—¡Eso no es verdad! —exclamó Ronan.

—Melzas nunca nos robó el poder para crear —continuó Meia—. De hecho, nunca fue capaz de hacerlo. En cambio, se metió en nuestros corazones y nos lo hizo creer. ¡Melzas no es más que un buitre recogiendo las sobras de nuestros vulnerables espíritus! Al creer que nuestro poder para crear se había esfumado, nuestras mentes y cuerpos reaccionaron. Obtuvimos la habilidad de controlar nuestros sueños. ¡Y Melzas tuvo todavía más temor de nosotros! Nos estábamos tornando incluso más poderosos que él mismo. Y fue entonces que decidió aniquilar al más poderoso de nosotros.

—Pensar que nuestro propio dios causó nuestras pesadillas... Un destructor producto de nuestra mente. ¡Aterrador! —reflexionó Beaumont.

—Si combinamos el poder de nuestro subconsciente colectivo, creo que podríamos vencer a Melzas —dijo Septimus.

La cara de Ronan en aquel momento era un auténtico poema. Y no dejaba de murmurar algo que no lograba comprender.

—Entonces el tema es: seguir adorando a Melzas como a un dios, o desafiarlo con los poderes que hemos acumulado a riesgo de perder nuestras propias almas —dijo Beaumont—. Necesito tiempo para decidirme. Creo que todos lo necesitamos. Pero el tiempo es un lujo que no tenemos. Mañana a mediodía votaremos y decidiremos nuestro destino para siempre.

A continuación, el alcalde sugirió que podíamos quedarnos en su casa, incluso si las nuestras estaban en pie. Ahí íbamos a estar más seguros. El incendio, por cierto, parecía haber cesado por completo. Algunos decidieron quedarse, mientras que otros empezaron a marcharse. Entre ellos Ronan, aunque se fue rechistando.

—¡Te maldeciré por el resto de tu miserable existencia! —me dijo.

—Sabéis que tengo razón. ¡Lo veo en vuestras caras! —comentó Septimus.

Teniendo en cuenta que la casa de Jess seguía en pie, preferí dormir en mi cama. Seguro que Jess hubiera querido que ambos pasáramos juntos esa noche tan importante. Al día siguiente, yo fui de los que más madrugaron. También Meia, que me esperaba fuera.

—Cuídate de Ronan, Alundra —me dijo—. Puedo presentir que está planeando algo… pero no sé qué.

Le dije que no se preocupara, que iría a ver qué estaba tramando para adelantarme y que tendría mucho cuidado. Al salir de ahí, una fuerte sensación de tristeza e impotencia me invadió al ver que muchas de las viviendas estaban completamente destrozadas. Como la de Gustav, que lo había perdido todo. La de Sierra, por ejemplo, estaba completamente derrumbada. Aunque no había ni rastro de ella. Tampoco había tenido suerte Septimus. Un auténtico desastre. El incendio también había dejado al descubierto la entrada de uno de los pozos de Inoa. Aunque dentro no había nada.

Antes de ir al santuario, pasé por el cementerio. Y visité una vez más la tumba de Jess. En aquella ocasión, en la más absoluta intimidad. Me emocionó leer el epitafio que le habían dedicado: «Jess. Artesano de almas». Desde luego, la mía la había transformado por completo. Si algo me pasaba en el santuario, al menos me reuniría con él.

UNA VENGANZA AGRIDULCE

Había llegado el momento de entrar en el santuario, pero me daba mala espina. Cuando entré en aquel lugar sagrado, Ronan me estaba esperando.

—Lo sabía… sabía que debía haberte golpeado en la primera ocasión que tuve. Antes de que vinieras, todos rezábamos a los dioses. Después llegaste… y comenzamos a morir de forma aterradora y horrible ya que nuestros dioses nos negaron su favor… —me dijo—. Nuestra relación con ellos se ha acabado. Pero… puede solucionarse. Nos perdonarán si les ofrecemos tu alma en sacrificio.

Ronan había perdido la cabeza. Su fanatismo había llegado demasiado lejos. En ese instante, pude escuchar la voz de algunos habitantes de Inoa. Estaban fuera y, por lo que escuché, la puerta había quedado completamente cerrada detrás de mí. No podían entrar.

De repente noté una presencia malvada a mi alrededor. Y en un abrir y cerrar de ojos, ya no estábamos en el santuario. Al menos no a simple vista. No sé si estábamos en un plano astral o qué, pero el suelo parecía hecho de despojos humanos y el horizonte era una especie de vacío infinito y oscuro. Estaba completamente a solas con Ronan.

—¡Lord Melzas! Escucha la súplica de tu humilde sirviente —dijo—. Te ruego, oh el Grande, que me otorgues el poder para destruir al demonio que invade nuestros sueños.

Lo que pasó a continuación fue terrorífico. Ronan se convirtió en un monstruo grotesco y amorfo. Y no solo había cuadruplicado su tamaño, sino que parecía un alienígena con la piel quemada y despegada, dejando al descubierto una musculatura asquerosa. Su mirada era la de un demonio, con ojos rojos sedientos de sangre. Además, su brazo izquierdo se había transformado en un cañón.

—Ja, ja, ja. ¡Ya está! —gritó aquel ser—. No te fallaré, sabio Lord Melzas. Y ahora, Alundra, parece como si Lord Melzas se hubiera apiadado de tu miserable alma. Con este precioso cuerpo, acabaré contigo tan rápido que no te dolerá nada. Tienes que estar muy contento. ¿Tienes miedo? Me gusta. Ven hacia aquí para recibir tu juicio eterno.

En aquel momento sentí más tristeza que miedo. Aunque lo mejor que podía hacer era acabar con la existencia de aquel ser. Ronan ya no estaba ahí. De todas formas, el combate fue muy duro. El monstruo tenía una barrera de pinchos en forma de anillo que hacían muy complicado acercarse. Y si destrozaba los pinchos, el anillo giraba más rápido. Quedarse lejos tampoco era buena idea. Aparte del cañón de plasma, en ocasiones Ronan abría unos agujeros en sus hombros y disparaba rayos de energía al aire. Por suerte, las sombras de esos rayos se veían reflejados en el suelo antes de que cayeran.

Aquel combate duró al menos dos horas. Y no te mentiré: cuando vi que el monstruo agonizaba, mis últimos tres espadazos los propiné en pos de la venganza. Con el primero, el monstruo gritó profundamente. Por Sybill, pensé. Con el segundo, vi como aquella cara amorfa se retorcía de dolor. Por Giles, me dije. Y con el último, lo destrocé por completo. Gracias Jess, dije en voz alta. Al fin, había acabado con la cosa horrible en la que se había convertido Ronan.

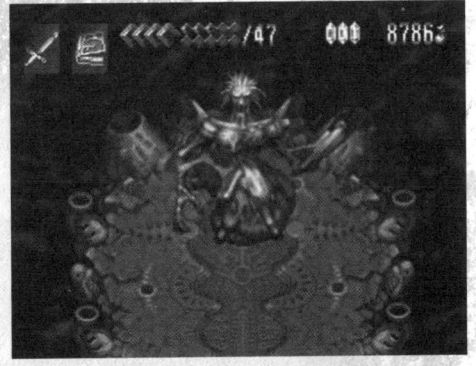

De repente, volvíamos a estar en el santuario. Y Ronan estaba ahí presente, en su forma humana. No por mucho tiempo...

—Oh... ¡Lord Melzas! ¡Soy tuyo!

Esas fueron sus últimas palabras, ya que un instante después escuché un grito demoníaco saliendo del interior de su alma. Ronan había muerto. Y ni siquiera en sus últimos suspiros había renunciado al fanatismo que había acabado con su vida.

Un sentimiento de compasión me invadió en ese momento. Pero supe que tenía que comunicar la noticia al resto. Salí del santuario y me encontré con Septimus, Meia, Kisha y Beaumont.

—¡Alundra! ¿Estás bien? —dijo el alcalde—. ¿Qué hay de Ronan?

Les conté lo que había ocurrido. Pero no estaba muy convencido de haber hecho lo correcto.

—¡El bien ha triunfado sobre el mal! ¿Por qué estás triste? —preguntó Septimus.

—Porque Ronan solo ha sido una marioneta, Septimus. —contestó Meia—. Un títere en el juego cruel de Melzas.

En ese momento fueron llegando el resto de habitantes de Inoa. Y Meia pensó que era más seguro si entrábamos al santuario y nos encerrábamos en el sótano de aquella cámara oculta. Ahí, los gruesos muros nos mantendrían a salvo si los Murgg atacaban de nuevo. Aunque Gustav no estaba muy convencido...

—¡No necesitan romper los muros! —dijo—. ¡Pueden atacarnos en nuestros propios sueños! ¿O acaso lo habéis olvidado?

—Bergus y Nestus están con nosotros, Gustav —respondió Meia—. Además, ellos eran un caso especial.

—Vale. Confío en ti, Meia. Pero dime una cosa. Si Melzas invade nuestras pesadillas, ¿qué ocurrirá entonces? Ni tú ni Alundra juntos podréis salvarnos a todos.

—¡Cállate! No vamos a morir, Gustav. Hemos venido aquí para unir fuerzas y luchar por la vida —dijo Meia—. Todos hemos perdido algún ser querido. ¡Ahórranos tus lamentos!

—Por favor, todos. Tened calma —interrumpió Beaumont—. Nuestro poder creativo fue arrebatado por Melzas. Desarrollemos el poder para controlar los sueños y será nuestra arma secreta. Juntemos las manos y vamos a relajarnos hasta dormirnos. Después, todos soñaremos lo mismo.

—¿Quieres decir que podemos combinar nuestros débiles sueños para convertirlos en uno fuerte? —preguntó Kisha—. ¿Llegaremos a la misma pesadilla como… guerreros de los sueños?

—Muy resumido, pero sí —aclaró Beaumont—. Soñaremos con un héroe increíblemente fuerte. Un héroe bajo nuestro control, que se unirá a Alundra para destruir a Melzas.

—Para ser franco, Beaumont, no puedo imaginar qué aspecto tiene un héroe —apuntó Yuri—. Creo que deberíamos soñar con alguien que conozcamos bien. Alguien que sea fácil de evocar.

—Estoy de acuerdo con Yuri —dijo Naomi—. Si tan solo uno de nosotros tiene una imagen mental diferente…

—¡Tengo una idea! —exclamó Septimus—. ¿Por qué no visualizamos solo a Alundra? Todos estamos familiarizados con su aspecto. Y no puedo imaginar a nadie con más heroísmo.

Todos los ahí presentes estuvieron de acuerdo, pero justo cuando se disponían a soñar juntos, Meia les interrumpió.

—¡Esperad! ¡Todavía no! —dijo—. Antes de comenzar a soñar, hay algo que debemos hacer. Alundra está a punto de arriesgar su vida para enfrentarse a Melzas. Pensadlo. ¿No creéis que hay algo que podemos hacer por él?

En aquel momento, todos los presentes asintieron con la cabeza, como sabiendo de qué estaba hablando Meia. Yo era el único que no entendía nada. Todos ellos formaron un círculo, bajaron sus cabezas y empezaron a soñar. Fue realmente mágico presenciar aquello. No podía creer lo que estaba viendo. De repente, una bola de luz se había formado encima de sus cabezas, en el centro de aquel círculo. Y así es como apareció una imponente espada.

La espada bajó del aire como por arte de magia y cayó en mis manos. No tenía ninguna duda: era la Espada Sagrada. La misma que supuestamente iba a fabricar Jess tras la muerte de Lutas. Al final se había cumplido todo lo que había predicho Sybill. No exactamente de la misma forma, pero se había cumplido. Además, tuve la sensación de que el alma de Jess también había participado de aquel sueño. Cogí el arma y realicé la mejor versión de mi pose de victoria. Dentro de mi cabeza sonó una música distinta a la habitual. Era la música de la esperanza. Luego todos me miraron con admiración.

—Esto es lo que sentimos, Alundra. Sabemos que puedes vencer a Melzas —dijo Meia—. Ponemos en ti toda nuestra fe. Nuestros corazones y nuestra fuerza.

—Elene fue atormentada con el más espantoso dolor en su lecho de muerte, Alundra —dijo Gustav—. Prométeme que le harás sentir el mismo dolor a Melzas. Quiero que le hagas sufrir antes de dar fin a su miserable existencia.

Se lo prometí. Y entonces Meia me cogió la mano.

—No deseo otra cosa que luchar a tu lado, Alundra —me dijo—. El hecho de no poder hacerlo me enfurece, pero a la vez llena mi corazón de tristeza…

A ella también le prometí que volvería con vida. Talis, por su parte, me dijo algo que tampoco olvidaré jamás. Dijo que no era un campesino sino un héroe. Y prometió que sería mi esclavo durante un día. Qué lindo era en realidad ese niño. Su madre, Thyea, me dijo que Inoa era mi hogar y que ellos eran mis amigos. O mejor dicho, mi familia. Por último, Beaumont sugirió que Nava podía contarme todo lo que necesitaba saber sobre Melzas.

No quería llorar por todo lo que ahí había acontecido, así que aproveché aquella excusa para salir de ahí y buscar a Nava. Prometí que cuando nos volviésemos a ver, Inoa habría encontrado la paz.

Cuando salí del santuario, vi que Meia me había seguido. Quería hablar en privado. Quería contarme el miedo que tenía. Miedo de que Melzas fuera más fuerte que todos nosotros. Yo también tenía miedo. Pero no había vuelta atrás. Cuando Meia regresó al santuario, escuché la voz de Cephas.

—¡Alundra! —gritó—. Supongo que ya te has dado cuenta de que Nava y yo somos distintos al resto. Pero quizá no entiendes el porqué. Somos zolist. Una raza de humanos de larga vida… Los guardianes nos ordenaron que vigiláramos a Melzas. Que nos asegurásemos de que nunca volviera. Y que lo detuviéramos si lo intentaba. Hoy, por fin cumpliremos nuestra promesa. Cuando aparezca Melzas, entraremos en su palacio y lo destruiremos. El séptimo y último Emblema está en manos de Nava. ¡Ve, Alundra! ¡Reclámalo!

No pude evitar sonreír. Al menos ahora sabía que aquel aspecto de Cephas no era solo producto del hartazgo de pasarse la vida enterrando. ¡Había vivido cientos de años! Estreché fuertemente su mano y me fui corriendo a la cabaña de Nava. Al llegar, el anciano no estaba. Pero al menos ahora no bloqueaba el camino a unas escaleras que conducían a un sótano. Dentro me esperaba una cueva subterránea que me llevaría a una torre. La bauticé como la Torre de Nava y decidí avanzar. Pensé que Nava me estaría esperando más adelante. Quizá era mi última prueba como Libertador.

Aquel lugar estaba infestado de monstruos. Y no os podéis imaginar lo laberíntico que era. Resultó que todas las habitaciones estaban conectadas. Y cada una de las tres salidas de una habitación me llevaba a otra. Me di cuenta cuando empecé a llegar a sitios en los que ya había estado. En una de aquellas habitaciones, por cierto, conseguí otro Halcón Dorado tras deshacerme de unas molestas langostas.

LA VERDAD SOBRE MELZAS

Al salir de la torre, vi que había llegado a una pequeña isla rodeada por el mar. Imagino que al sur de la playa de Inoa. Pero la verdad es que no sabría ubicar aquel lugar en el mapa. Cerca de ahí encontré una casa, pero antes de entrar, la rodeé para encontrar el Libro del Viento. Por fin dominaba todos los hechizos elementales.

Al entrar en aquella casa, no pude creer lo que vi. Nava estaba tumbado en el suelo y estaba claro que ahí dentro había pasado algo. Varias botellas y muebles estaban tirados por el suelo. Nava seguía vivo.

—¿Eres tú, Alundra? —me preguntó—. ¡Zorgia acaba de irse! Me pidió que le diera el último Emblema, pero me negué.

Me había olvidado por completo de Zorgia. El mismo que acabó con la vida de Nirude en un abrir y cerrar de ojos. En ese instante tuve miedo, pero Nava alargó su mano con un objeto que había conseguido ocultar.

—Coge esta piedra y ponla en la hornacina que hay detrás de mí. ¡Corre! —me dijo.

Me había dado la Piedra de Zolist. Un objeto que, en realidad, servía de llave para encontrar el último Emblema: el de Diamante. Cuando lo cogí, Nava se sinceró.

—Es hora de que sepas la verdad sobre Melzas —empezó diciendo—. Es un monstruo voraz que procede de una estrella lejana. Se creía que su forma horrenda fue destruida por el ejército del rey. Pero no fue así. Solo fue capturado, pero no murió. El rey pudo notar el poder de Melzas y pensó ingenuamente que podría controlarlo y ejercerlo él mismo. Melzas se dio cuenta del ansia de poder del rey y se introdujo en sus sueños para proporcionarle visiones fantásticas.

»El rey no solo se entregó a Melzas, sino que le confirió categoría divina entre sus súbditos. El pueblo adoró a Melzas con fervor y se obnubiló con los sueños que les proporcionó. Se erigió un santuario junto al lago expresamente para Melzas. Se crearon imágenes fantásticas de él. Y estas fueron veneradas con gran devoción. Después, cuando menos se esperaba, Melzas reveló su corazón insensible y su alma cruel. Empezó a introducirse en la mente de la gente, no solo cuando dormían, sino también cuando estaban despiertos.

»Una noche, el rey tuvo una horrible visión de Melzas gobernando el mundo inmerso en sangre. Le trastornó tanto que destruyó las imágenes de Melzas y enterró el santuario. El lago quedó después confinado por un sello mágico y el Emblema del sello se dividió en siete partes. El rey seleccionó a los más heroicos como guardianes de los fragmentos del Emblema. Luego, esos fragmentos fueron dispersados por los rincones más lejanos del globo.

»Pero Melzas ha encontrado a otros para que le adoren. Sus plegarias alimentan su alma. Y lo que es peor, ha descubierto a los Murgg. Bestias feroces y poderosas, pero muy simples para comprender los malévolos planes de Melzas.

En ese momento, el cristal de una de las ventanas de la casa se hizo añicos. Acababa de entrar Zorgia volando con sus putrefactas alas.

—¡Bravo, veterano, bravo! —exclamó el monstruo—. Yo no podría haberlo explicado de forma más elocuente. Aunque esos trescientos años de sabiduría están concentrados en ese coco viejo y arrugado que tienes.

De repente, Zorgia se colocó justo ante mí. Seguía moviendo sus alas, suspendido en el aire. Cuando me habló, me temblaron las piernas.

—¿Cómo te ha ido desde la última vez que nos vimos? Espero que hayas hecho todo lo que decían tus sueños. No me gustaría nada enviarte a la tumba y que aún te arrepintieras de algo. Odio hacer eso. Es tan triste… ¿Quieres saber cuál es mi secreto más íntimo? Asesinar sin piedad. Que corra la sangre. La muerte forzada. Sí, almas sin vida, asesinatos a sangre fría. Poner la vida de almas patéticas en vilo. Me encanta.

»Cuando acabé con Nirude ante tus horrorizados ojos, sentí un repentino y gratificante placer. ¿Sería voyerismo? ¿La emoción de matar para una audiencia? No lo sé. Pero intento descubrirlo… Libertador, ¿bailamos?

De repente, Zorgia lanzó aquel mismo hechizo que había herido de muerte a Nirude. El hechizo selló la puerta de aquella casa. Y también me transportó a una dimensión diferente. Era un fenómeno muy parecido al que había vivido con Ronan.

Tocaba luchar contra aquel monstruo. Por suerte, el escenario era inmenso, lo que fue esencial teniendo en cuenta la agilidad de Zorgia. Sus ataques eran dignos del siervo más fiel de Melzas. Cuando volaba, era imposible atacarlo. Además, lanzó dos discos voladores que me perseguían sin cesar. Por suerte, a veces Zorgia aterrizaba para lanzar sus hechizos más poderosos. Si lo golpeaba a tiempo, detenía su magia. Pero si tardaba mucho, Zorgia completaba el hechizo y aquellas llamas resultaban temibles. Sudé mucho, pero salí victorioso. Lo supe cuando escuché un grito estremecedor. Zorgia estaba tocado. Además, estábamos de nuevo en la casa. Nava seguía tumbado en el suelo.

—¡Maldición! Sabía que había llegado mi hora. Pero morir de esta forma es tan humillante…

Esas fueron sus últimas palabras. De nuevo, lanzó un grito gutural y el demonio se desintegró por completo. En condiciones normales habría tocado postura de victoria, pero aquella vez fue distinto. Nava exhaló su último aliento. Había muerto por las graves heridas que le había provocado Zorgia.

Me encontraba rezando por su alma cuando un halo de luz rosada apareció ante mí. Y la figura de un sabio se intuía en el interior. Exactamente igual que cuando había visto a otros guardianes. ¿Quién era? Te preguntarás. Resultó ser el propio Nava, lo que confirmó que todos los que había visto en aquella forma estaban en realidad muertos.

—Soy yo, Nava. Eres maravilloso, Alundra. ¡Nunca había presenciado una lucha tan apasionada! Suelo pensar que mi longeva vida ha sido una maldición, pero estaba equivocado. Si no me hubiera convertido en guardián, no te habría conocido y ha sido una de mis mejores satisfacciones. Pero no tenemos tiempo. Coge los siete Emblemas e introdúcelos en los pedestales designados alrededor del lago. Solo así liberarás el sello. Se avecina la batalla final, Libertador. ¡Buena suerte!

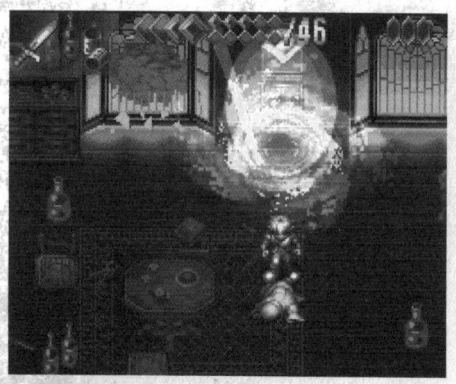

En ese momento, Nava usó el poco poder que le quedaba para devolverme a su morada, en la playa de Inoa. Pero antes me dijo que los cielos gritarían cuando hubiera destruido aquel demonio. Desde luego, si Jess estaba ahí, gritarían muy fuerte, pensé.

Quería ver con mis propios ojos si aquellos Emblemas eran auténticos o no. Así que fui corriendo al lago, al norte de la mina. Colocar los primeros cinco Emblemas fue fácil. Pero tuve que dejarme llevar por la corriente del lago para llegar a un pequeño islote donde había otro pedestal. Ahí coloqué el quinto y conseguí un nuevo Halcón Dorado. El pedestal que faltaba solo era accesible desde una cueva de la mina. Y cuando coloqué el último Emblema, un terremoto hizo que temblara todo el lago.

Los Emblemas eran auténticos porque el palacio del lago había emergido de aquellas aguas profundas. Y un imponente puente abría el camino para llegar al último de mis destinos. Era consciente de que, hasta ese momento, nada me había parado. Pero algo me dio mala espina. Pensé que debía calmarme antes de pasar por aquel puente.

Y así fue como volví al casino, con la esperanza de obtener más premios. Primero gané unas cuantas partidas consecutivas en la ruleta y conseguí un Halcón Dorado. Me lo dio el dueño del local si prometía no volver jamás. ¡Hasta me llamó tramposo profesional! Los dueños de los otros dos juegos del casino hicieron lo mismo. Así conseguí un Halcón Dorado en Disparo al monstruo y otro Halcón Dorado en Slime Busters.

En aquel momento ya no tenía nada más que hacer, así que regresé al lago. El moho acumulado en las rocas de aquel puente demostraba el largo tiempo que Melzas se había pasado encerrado. Lo crucé y llegué a la parte exterior de la Ermita del lago. Tenía el aspecto de un castillo y era enorme. Sin embargo, la entrada estaba completamente bloqueada, así que tuve que encontrar una alternativa. Fue muy complicado avanzar por los exteriores. Y tampoco lo pusieron fácil los jardines y sus malditos laberintos. Pero finalmente llegué a la entrada principal del palacio. Justo ahí, por cierto, encontré el último Halcón Dorado de mis aventuras.

Antes de entrar en el palacio encontré un teletransportador que me llevó directamente al fondo de un pozo. Resultó gracioso, ya que era justamente ese pozo vacío de Inoa. En otras palabras, acababa de desbloquear un atajo para volver a Inoa cuando quisiera. Menos mal que Melzas desconocía este secreto. De haberlo sabido, no habría necesitado a Bergus y a Nestus para atacarnos.

UN ÚLTIMO ESFUERZO

Cuando por fin decidí entrar en la Ermita, en el interior me esperaba un palacio imponente y precioso. Resulta extraño que lo cuente así, pero ese lugar no era tétrico. Además, estaba lleno de muebles lujosos. Dentro sonaba una música preciosa y emotiva. Era como si alguien estuviera tocando el piano ahí dentro, aunque estaba solo.

Avancé por el vestíbulo principal hasta llegar a un lugar en el que me rodeaban seis grandes pedestales. Inmediatamente después, llegué a la sala que había visto en los sueños de Sybill. Una vez más, lo que había predicho aquella extraña niña se había cumplido. Aquella habitación sí era más tétrica. En el suelo había raíces de un gran árbol. Y al final del pasillo, apareció Melzas. En aquella ocasión no fue solo una proyección. Según como lo mirara, su larga melena puntiaguda y peinada hacia arriba se veía de color blanco o azul, mientras que su piel era verdosa y putrefacta. Era muy corpulento y sus ojos, como los de Zorgia, también eran rojos y diabólicos. Además, iba vestido con una especie de toga rasgada y llevaba una capa.

No te lo vas a creer, pero Melzas apareció como por arte de magia a través de un símbolo satánico que se formó en el suelo. Enseguida comprendí que el demonio estaba atrapado ahí dentro de alguna forma. Sus pies salían del círculo, pero parecían estar atados a las raíces de aquel árbol. Igualmente, la energía que desprendía su cuerpo me dejó completamente inmóvil por segundos. Después, Melzas se dirigió a mí.

—¿Tú eres el que Lars calificó como Libertador? Los guardianes se hacen seniles con su avanzada edad. ¿Con qué otra razón confiarían los Emblemas a un chico incompetente como tú?

»Lamentablemente, no tengo tiempo para reflexionar sobre sus acciones. Asombrosamente, has conseguido ganarte mi atención, chavalín. Y ahora que has llegado tan lejos, comprobarás que tu destino no es otro sino llorar amargamente tu derrota.

Después de pronunciar aquellas palabras, Melzas lanzó un hechizo. Primero pensé que solo me había echado a la fuerza de aquella habitación. Fue como una ráfaga de aire muy potente que me arrastró de nuevo al vestíbulo principal. Pero resultó ser más que eso. La puerta para acceder al trono de Melzas se había bloqueado y los seis pedestales que me rodeaban emanaban una luz anaranjada.

Poco después comprendería que el hechizo de Melzas también había causado estragos en la Ermita. Era como si se hubiera paralizado el tiempo. De repente, todo aquello que se movía, fueran monstruos u objetos, había quedado congelado. Y eso dificultó mucho mis pasos. El objetivo era claro: apagar las luces de todos aquellos pedestales para llegar a Melzas, que parecía estar intentando ganar tiempo. De hecho, pasaría muchas horas en ese palacio. Era gigantesco, con miles de habitaciones y salas interconectadas, con diferentes rompecabezas en cada una de ellas. No siempre resolubles la primera vez que entraba.

Las primeras horas en aquel palacio fueron extrañas. Los monstruos eran inofensivos, pero el hechizo de Melzas impedía resolver algunos acertijos. No solo debía recordar bien cada rincón, sino también todas las puertas cerradas que poco a poco podría ir abriendo. Y cuando logré deshacer el hechizo de Melzas, pude acceder a nuevos mecanismos, pero aquello también significó que las trampas y los monstruos habían vuelto a la normalidad.

Por si no tenía suficiente con que el palacio fuera un rompecabezas en sí mismo, con una extensión más que notable, cada uno de los interruptores para apagar los pedestales albergaba un reto intelectual de gran calibre. Y cada vez que resolvía uno de esos retos, una visión me empujaba a continuar. Me mostraba cómo se apagaban los pedestales a distancia. Creo que lo estaba haciendo Sybill. Cuando apagué el último, una de esas visiones me mostró la puerta de los aposentos de Melzas abriéndose.

VOY A POR TI, DEMONIO

Era consciente de que se avecinaba la batalla final. Y por eso, quise regresar a Inoa una última vez. Tenía que registrar mis aventuras en aquel libro que me había regalado Jess. ¿Todavía no lo has adivinado? Es el mismo que ha llegado a tus manos. Seguro que ya te habrás dado cuenta a estas alturas. El caso es que en aquella ocasión me llevé el diario conmigo. Decidí que si moría en aquel palacio, mis aventuras lo harían conmigo.

Ya no tenía miedo. Había encontrado una nueva familia. Nunca te he hablado de la mía porque nunca la tuve. Ni siquiera sé muy bien de dónde vengo y siempre he estado viajando de un lado para otro. Supongo que por eso se me da bien vivir aventuras. Pero en aquella ocasión iba a vengar la muerte de Jess. Y también vengaría las vidas de Sybill, Kline, Giles, Wendell, Meade, Elene, Nadia, Myra, Bonaire, Olen y compañía.

Cogí mis cosas y volví rápidamente a la Ermita del Lago. Entré con la cabeza bien alta en los aposentos de Melzas. Y este no tardó en presentarse.

—¿Te atreves a desafiarme, Libertadorcillo? —dijo—. Muy bien. Mis sanguinarios ayudantes satisfarán tu deseo de muerte. ¡Contempla!

Después lanzó otro hechizo. Algunas baldosas del suelo empezaron a resquebrajarse cuando unos potentes rayos de luz salieron de debajo de mis pies, como si fuera la lava de un volcán en erupción De repente estaba en una especie de dimensión alternativa. Incluso pude ver cómo de ahí salía un enorme dragón. Después tengo un recuerdo muy borroso de lo que ocurrió. Creo que quedé inconsciente durante unos segundos. No creo que fueran minutos, ya que el dragón me habría devorado.

Recuerdo aparecer en una sala muy grande y extraña, completamente rodeada de aquel vacío espacio-temporal. Juraría que era el mismo lugar donde me había enfrentado a Zorgia. Pero el dragón que me esperaba, era mucho más duro que él… Físicamente, aquel dragón tenía cuatro alas en vez de dos y su cola estaba llena de pinchos. Era de un color azul marino intenso, que contrastaba con su pecho rojo y anaranjado.

Aquel fue el combate más largo que había disputado nunca. Los movimientos del dragón eran muy variados e impredecibles. Era capaz de lanzar hileras enteras de bolas de fuego. En ocasiones, incluso lanzaba su inmenso y poderoso aliento de fuego. Además, era rápido e inteligente. De vez en cuando, fingía estar volando tan tranquilamente para aterrizar de golpe e intentar aplastarme.

Después de una intensa lucha a muerte, acabé con aquel engendro. Pero no hubo tiempo para mostrar mi perfeccionada pose de victoria. Aunque parezca mentira, en ese instante soñé despierto. De alguna forma, los habitantes de Inoa, que seguían reunidos en el santuario, habían logrado conectar su mente colectiva a la mía a través de un sueño conjunto. Y podía ver lo que estaban haciendo. Recuerdo que intentaba comunicarme con ellos. Grité mucho, pero parecía que solo Bergus me oía. Poco a poco, me fueron escuchando los demás. ¿Qué estaba pasando? Pensé. Como siempre, Meia tenía una respuesta.

—¡Creo que lo logramos! —dijo—. ¡Eso significa que nuestros sueños y plegarias han llegado al corazón de Alundra!

Después, todos los ahí presentes empezaron a dedicarme palabras muy bonitas. Me emocionaron tanto, que ni siquiera pude contestarles. Incluso sentí que mis heridas se habían curado. El poder del amor era el más fuerte de todos. Es tópico, pero totalmente cierto.

No sé cuántos minutos pasaron, pero en aquella conexión espiritual el tiempo funcionaba de otra forma. Y quedó claro que había vuelto a la normalidad cuando Melzas volvió a postrarse ante mí. Fue en el mismo lugar del enfrentamiento contra el dragón.

—¿Por qué quieres aplazar el destino que te espera, chico? —me preguntó—. ¡Ríndete a tu destino y libera tu alma! ¡Morirás aquí! Ni tus lágrimas ni tus desesperadas peticiones de clemencia me detendrán.

El combate contra aquel ser de otro mundo empezó. Melzas era muy poderoso. Pero me di cuenta de que su potencial estaba limitado por su confinamiento. Aun así, volvió a demostrar que el engaño era la mayor de sus armas. Podía aparecer y desaparecer a su antojo. Además, podía triplicar o cuadruplicar su imagen. Pero solo uno de esos tres o cuatro Melzas era el auténtico.

Si cuando aparecían tanto el auténtico como los falsos, no golpeaba rápidamente al verdadero, Melzas usaba su magia. Y sus hechizos eran mortales. Pero no era casualidad que hubiera suplido su falta de movilidad por trucos ilusorios. Era la única arma que tenía. Sin embargo, como todos los trucos, el suyo tenía un fallo. Resultó que el

Melzas verdadero siempre era el del último círculo en aparecer. No era fácil verlo, pero había entrado en una especie de trance de combate. Nada ni nadie podía pararme.

A pesar de todo, el maldito aguantó mucho. Supe que había vencido cuando Melzas cambió por completo su postura. Una de sus rodillas estaba en el suelo y tuvo que apoyar una de sus manos para evitar caer desplomado. Aunque todavía guardaba un as en la manga.

—¿Cómo te atreves a humillarme en mi propio santuario? —me dijo—. ¡Por tu rebeldía, beberás de la amarga copa de la desolación que te tengo preparada, insolente!

Iba a propinarle la estocada final cuando Melzas levantó las dos manos mientras lanzaba un grito aterrador. Volví a perder el conocimiento y, cuando desperté, ya no estaba en aquel lugar. Ni siquiera sé si estaba en la Tierra. Llegué a pensar que había muerto.

Estaba en un lugar espantoso. Era una pequeña isla formada por una superficie hecha con los restos de un ser vivo. Además, la isla flotaba alrededor de lo que parecía ser un vacío infinito. Dentro de ese vacío podía ver las almas de aquellos que Melzas había torturado. Eran muchas…

Ante mí estaba Melzas. Con su verdadera forma. Estaba convencido de que me encontraba en el sitio en el que los guardianes lo habían encerrado. Y entonces me acordé de la historia de Nava. Teóricamente, Melzas era un monstruo procedente de una estrella lejana. Como había dicho Nava, su forma horrenda no había sido destruida, sino capturada.

Tenía delante a un extraterrestre que había adquirido poderes divinos gracias a las plegarias de los humanos. Y en aquella forma, Melzas ya podía usar todo su potencial. Con respecto a su forma verdadera, nada de lo que pueda contarte le haría justicia. De entrada, aquella superficie orgánica que estaba pisando era en realidad la base de su cuerpo. Y las raíces que había visto antes, nacían en esa superficie y eran, en realidad, su propio cuello.

Sus manos estaban suspendidas en el aire, como por arte de magia. Y eran más grandes que yo. A cada lado del cuello sobresalía una especie de muelle viscoso en cuyo extremo había un ojo gigante. Como si en vez de hombros tuviera ojos. Por su parte, el cuello estaba unido a una enorme cabeza, aunque su rostro, por decirlo de alguna manera, era del todo inclasificable. No tenía pelo, pero sí un enorme cerebro putrefacto.

La única ventaja que tuve en aquella batalla fue que aquel monstruo no podía moverse de sitio. En realidad, era yo el que estaba encima de su cuerpo. Pero seguía siendo temible. Las manos intentaban aplastarme y cogerme todo el rato. Si lo conseguían, el dolor era insufrible. Recuerdo haber deseado la muerte en ese momento. Esos «guardaespaldas» impedían que me acercara, así que destruí las manos primero. Luego intenté llegar al cerebro. Pero aquellos muelles resultaron ser más elásticos de lo que parecía. Los ojos aprovechaban cualquier movimiento sospechoso para abalanzarse sobre mí. Si hacía falta, los dos a la vez.

Por si fuera poco, también lanzaban rayos que caían sobre mi cabeza con frecuencia. Lamentablemente, los ojos eran invencibles. Cuando pensé que nada podía ir a peor, lo hizo: las manos podían resucitar. Eliminarlas solo ofrecía un respiro temporal. Al final logré atacar al cerebro. ¡Era su punto débil!

Después de varias horas, llegó el momento que tanto había esperado. Supe que aquella estocada de la Espada Legendaria era la última porque sentí que la estábamos dando todos. Y cuando Melzas gritó, lo vi. Vi la sonrisa de Jess reflejada en aquella espada. Lloraba de emoción, contemplando el hombre en el que se había convertido su hijo.

Tras aquellos instantes de pura emoción, volvía a estar en el palacio. En los aposentos de Melzas. Seguía con vida, pero por poco tiempo. De nuevo, se mostraba con la forma humanoide.

—¿Cómo puede ser eso? —dijo el demonio—. ¿Cómo puede plantarse delante de un dios un chiquillo insolente? ¡Te maldigo, Libertador! ¡Sin ti, los mortales hubieran perecido! En su lugar, tengo este humillante final a manos de un simple chiquillo.

No valía la pena rematarlo. Estaba a punto de desaparecer del mapa para siempre. Pero en ese instante, algo llamó mi atención. ¡Era la voz de Lars!

—¡Alundra! ¡Escucha atentamente! —me dijo—. ¡Debes quemar los restos de Melzas con el fuego sagrado para destruirlo para toda la eternidad!

Estaba feliz de poder escuchar la voz de Lars una vez más. No quería sorpresas, así que usé la vara de fuego y quemé el cuerpo afligido de Melzas. Aquel maldito demonio pronunciaría sus últimas palabras.

—¡Arghhh! ¡Tu victoria nunca será completa, Libertador! Nunca conseguirás la paz que tanto tú como el resto de mortales habéis anhelado. Mientras los mortales alberguen las tinieblas en sus corazones, persistirá el mal. Es un hecho indiscutible. Y las tinieblas habitan en el corazón de todo mortal. ¡Incluso en el tuyo, Alundra!

Melzas se retorció de dolor en su lecho de muerte. A pesar de la victoria, solo podía pensar en lo que me acababa de decir. Al final no había sido una lucha del bien contra el mal, sino que el mal lo habíamos creado nosotros mismos. El poder de Melzas no era sino un reflejo de la oscuridad que habita en nuestros corazones. Melzas tenía razón. Erradicar ese mal es una utopía.

A todo eso, empecé a notar que el palacio se venía abajo. Y Lars no tardó en confirmarlo…

—Has superado mis expectativas, Libertador. ¡Muy bien! —dijo orgulloso—. Ahora que Melzas ha muerto, el santuario no se mantendrá en pie por mucho tiempo. ¡Debes escapar antes de que el castillo se desmorone en el lago!

Aunque no lo parezca, en realidad Lars ya se había despedido de mí. Mis aventuras terminaron en el preciso instante en el que salí pitando del palacio, pero nunca olvidaría a ese sabio. Me dio una razón para vivir. Una vez fuera, vi cómo el palacio se hundía. Entonces me di cuenta que seguía teniendo una esencia maravillosa en la mochila. ¿Me quedaría sin saber si eran un timo? Pensé. Supongo que a esas alturas no importaba. Creo que tú, mi querido amigo, ya sabes la respuesta.

En aquel instante, por cierto, tuve una sensación de *déjà vu* muy fuerte. Como si hubiera vivido aquellas aventuras varias veces en mi vida. Creo que, si tienes este libro en las manos, me entenderás mejor que nadie.

¿Quieres saber qué hice cuando todo terminó? Te lo contaré. Si has llegado hasta aquí, te mereces conocer el final. Lo primero fue regresar a Inoa, pasando primero por el cementerio. Recé en la tumba de Jess una vez más. «¿Rezar? ¿Después de todo lo que había sucedido?», pensarás. Pues sí, amigo. No es la fe lo que es malo, sino la forma en que decidas enfocarla. Esa es la lección que aprendí.

También me acordaré siempre del momento en que todo el pueblo vino a recibirme. Especialmente Meia, que no pudo evitar contener sus lágrimas. Por primera vez desde que había llegado a Inoa, alguien lloraba de alegría. Aquella noche, disfrutamos por todo lo alto de una cena en casa del alcalde. Y por fin pude beber un poco de aquel vino que tanto les gustaba a los Murgg. Era de un color rosa muy extraño. Decidí que lo llamaría licor de Murgg.

Era una noche para disfrutar en compañía. Pero cuando miré fijamente mi copa, pude ver reflejado en el vino alguna de las escenas que había vivido en el pasado. En ese instante me acordé de Kline y su horrible conversión a hombre lobo. Había intentado asesinarme y tuve que defenderme. Pensé que, si me estaba viendo, estaría orgulloso de lo que había hecho por su pueblo. Lo había defendido con la misma valentía que él.

Al día siguiente me tocó madrugar. Y empezó la reconstrucción de Inoa. Aunque parezca mentira, logramos terminar el trabajo ese mismo día. No había nada que hacer con las casas derrumbadas, pero pudimos restaurar las que seguían en pie. Aquella noche no dormí nada. Recuerdo estar en casa de Jess, pensando en mis cosas y recordando la cruenta batalla contra Zorgia. En uno de esos momentos entró Meia. Esa noche tomamos una dura decisión: abandonar Inoa. Ambos necesitábamos respuestas sobre nuestra naturaleza. Y esas respuestas no estaban en Inoa.

Despedirnos fue duro. Pero también emotivo. Todo el pueblo se reunió para desearnos suerte. Y dejaron claro que la puerta siempre estaría abierta. El camino para marcharnos de aquellas tierras de Torla sería largo, pero al menos contaría con la compañía de Meia. En nuestro viaje, pasamos por el gran árbol de los Murgg. Fue muy emotivo ver que su auténtica naturaleza era amigable. De hecho, desde lo alto de aquella estructura nos saludaron. Por supuesto, les devolvimos el saludo. Sé que nos estaban dando las gracias por haberlos liberado del control de Melzas.

Por otra parte, no podía dejar de pensar en todas las muertes inocentes que había dejado atrás y las durísimas batallas que había superado. En especial, recordé a Nirude y a Wilda, que me habían puesto a prueba y habían dado su vida para que cumpliera mi cometido. Por suerte, Meia seguía con vida. Y estaba a mi lado. La veía preciosa cuando dormía a mi lado en aquellas acampadas que tuvimos que hacer durante el viaje. En una de esas acampadas, nos resguardamos de una tormenta debajo de una cueva. Y más recuerdos invadieron mi cabeza. El último de ellos, la dura batalla contra Melzas.

Lamentablemente, toda historia tiene un final, amigo mío. Y debo contarte algo que me desconcertó tanto como te desconcertará a ti. En nuestro viaje, llegamos a una intersección en la que Meia decidió que nuestros caminos debían separarse. Me dio un beso muy afectuoso en la mejilla, se giró, corrió unos metros atrás, hizo un gesto de despedida y, sin articular palabra, se fue por otro camino. Quizá tenía algún asunto pendiente. En mi interior sabía que nos volveríamos a ver.

¿En qué dirección iba yo? Solo te diré que el camino que tomé me llevó a unas tierras oscuras en las que una gran nube negra lo cubría todo. Quizá te lo cuente en una segunda parte de mis aventuras. Aunque soy de los que piensa que, a veces, solo a veces, las segundas partes no son buenas. Además, no sé tú. Pero después de tantos años, tengo la sensación de que mis aventuras han envejecido lo bastante bien como para quedarnos aquí. Ya me entiendes. Gracias por haber llegado hasta aquí. No olvides nunca mis aventuras. Prometo no hacerlo yo tampoco. Y hasta que nos volvamos a encontrar, larga vida a los RPG.

14.

CURIOSIDADES

n libro sobre *Alundra* no puede terminar sin un apartado de curiosidades a la altura. Y prometo que he recopilado un montón. Algunas te traerán mucha nostalgia, mientras que otras te sorprenderán. ¡Al lío!

DENTRO DEL JUEGO

Primero repasaré todas aquellas curiosidades que son comprobables por el propio jugador:

- En la pesadilla de Elene el jugador siempre se perderá uno de los jefes. La mazmorra está compuesta por las cuatro personalidades del personaje. Y al final de cada personalidad espera un combate contra un ojo oculto (o varios). El monstruo es siempre el mismo, pero no así el entorno en el que tiene lugar la pelea. El caso es que, al completar la cuarta y última personalidad, Elene envía a Alundra de vuelta a Inoa, sin la necesidad de luchar contra un jefe. Por eso, dependerá del jugador qué personalidad dejar para el final. Un consejo: si vas mal de vida, evita el combate con el escenario helado.

- Si te haces con el Dije de Nava antes de la batalla contra Wilda en la Montaña Torla, podrás ser totalmente inmune a los ataques del dragón. Y si se te atraganta el rompecabezas necesario para conseguir el accesorio, Cephas te revelará la combinación una vez Nava haya muerto. El juego está pensado para hacerlo así, realmente

- Tras el incendio de Inoa, Naomi hace liquidación en su tienda y le regala al jugador la Armadura de Plata. Pero también es posible recogerla después, cuando la tienda está vacía. En efecto, es posible entrar cuando Inoa es un pueblo fantasma, tras el combate contra Ronan.

- ¿Sabías que hay árboles mágicos en el mundo de Inoa? Son solo unos pocos, pero si se bombardean esos árboles, caen premios (como hierbas). Por ejemplo, uno de ellos se encuentra en el Acantilado de la Locura.

- El Libro de Fuego es el arma más efectiva contra el jefe final. Nada extraño teniendo en cuenta que, al final del juego, Lars revela que debemos quemar al demonio con la vara de fuego.

- Ya sabes que Kohei Tanaka tiene su propia casa en *Alundra*. Pero… ¿sabías que si vuelves a ella más avanzado el juego, este habrá añadido nuevas gramolas en las que escuchar más melodías? Pues algunas de esas melodías no aparecen en el juego.

- En *Alundra* hay varios *glitches* que han hecho las delicias de los amantes del *speedrunning*. Por ejemplo, el que permite que Alundra pueda saltar un poco más lejos si lleva un objeto en las manos (como una judía o una bomba). El mejor lugar para aplicarlo es cerca del Punto de Inspiración. Concretamente, desde una zona elevada es posible llegar al cofre que contiene el Libro de Tierra. Teóricamente es un objeto perdible a la larga, pero con este método siempre se puede conseguir. El *glitch* también permite entrar en la guarida incluso antes de ir a la Ermita del Desierto.

Yo mismo he conseguido hacer el salto. Es complicado, pero te garantizo que funciona.

- *Alundra* también tiene un *bug* que puede asustar a más de uno. El error se produce si equipamos el libro de tierra justo antes de pasar por una puerta en la que se produce una carga de la pantalla. En caso de hacerlo así, la carga puede llegar a durar más de minuto y medio. Siempre recordaré la primera vez que me pasó: apagué la consola y perdí el progreso…

- También hay un *glitch* descubierto recientemente que lo ha cambiado todo. Se trata de un descubrimiento realizado por el usuario de YouTube Cadit el pasado año 2022. Básicamente, el doble salto es posible en el juego. Y eso permite acceder al Bosque de los Murgg con mucha antelación. La técnica consiste en aterrizar sobre una judía mágica que acabes de lanzar. Y justo cuando la estás tocando, saltar de nuevo. Parece fácil, pero es muy complicado. Personalmente, no he sido capaz de replicarlo.

- Los fans han descubierto otros muchos *glitches*. Desde la posibilidad de llegar antes a la Cueva de Fuego, hasta palancas que se pueden activar a lo lejos. Un buen resumen es el que ha realizado el usuario de YouTube Spiriax, que ha recopilado muchos de esos vídeos en una lista de reproducción muy interesante.

- ¿Conoces el truco de la fuente de Inoa? Si consigues llegar a lo más alto de la misma, es posible seleccionar cualquiera de los capítulos del juego. Pero llegar es, en realidad, imposible. De hecho, la única forma de conseguirlo es a través de dispositivos como GameShark, que permiten acceder al código del juego. El descubrimiento es obra del usuario de YouTube TheSkyrae.

- Y hablando del código del juego, en su interior se encuentran referencias a dos accesorios que no se acabaron utilizando y que eran mejoras para el Anillo de Olga y el Anillo reparador. También se puede ver a través de GameShark.

- Errores y trucos aparte, otra curiosidad se encuentra en la contraportada americana del juego. La descripción hace referencia a *Landstalker*. Y, bueno, eso hace que, en letra pequeña, abajo del todo, tuvieran que poner que *Landstalker* era una marca registrada de Sega. En plena época de Sega Saturn, la competencia de PlayStation.

CURIOSIDADES ARGUMENTALES

También he recopilado una serie de curiosidades argumentales que, o bien se explican en el juego, o bien aparecen en la guía de estrategia oficial. Todas expanden significativamente el *lore* de *Alundra*:

- Tanto en el manual como en la guía se comenta que fue el Rey Snow el que prohibió rezar a los ídolos, así como el que mató, torturó y aprisionó a todos aquellos que desobedecieron su ley. Por lo tanto, también es el asesino de la madre de Meia. Por cierto, ¿sabías que la madre de Meia se llama Layte? En el juego nunca se menciona.

- La guía también hace referencia a la forma en la que realmente funcionan los dioses en el universo de *Alundra*. Como bien sabes por el propio juego, los dioses realmente adquirían su estatus gracias a las oraciones de los humanos. Pero una vez convertidos en dioses, estos debían recompensar las plegarias de los creyentes con beneficios o regalos. Eso explicaría que, aunque fuera con fines malvados, Melzas les «regalara» la capacidad de controlar sus sueños a los habitantes de Inoa.

- Hablando de Melzas, en unas declaraciones exclusivas para la guía, Yoshitaka Tamaki dijo que el diseño del villano fue inspirado por los dioses de la mitología, mientras que las raíces del árbol de sus pies hacen referencia a la longevidad.

- ¿Sabías que el dragón azul siervo de Melzas es en realidad negro? Al menos en la guía oficial. De todas formas, no es raro, ya que el juego está lleno de esas incongruencias. Por ejemplo, el pelo de Melzas es blanco en el juego, pero azul en las cinemáticas.

- Hablando de Wilda, es la propia guía la que confirma que fue la primera deidad, antes que Nirude. La gente lo adoraba porque temían su poder. Hasta que empezaron a adorar a Nirude para obtener su protección. Después, Wilda se retiró a la Montaña Torla. Y cambió a raíz de su hibernación hasta que Nava le pidió que fuera uno de los guardianes del sello.

- ¿Te has preguntado quién construyó la Torre de Nava? Según la guía fue la extinta tribu tritón selida. Ellos habían ganado el control del océano y construyeron el pasaje para invadir el continente. También se dice que estalló una guerra entre los selida y los geyrus. Los selida planeaban ganar la guerra usando una trampa en el pasaje, pero al final no fue necesario. No se sabe cómo se extinguieron los selida, pero sí se conoce que años más tarde, cuando Nava fue elegido guardián, este utilizó el pasaje para ocultar su Emblema. Y como pensaron que incluso el Libertador podía tener problemas para encontrar el pasaje, se le dieron indicaciones a Cephas para que lo guiase en su búsqueda.

- La guía también habla de la construcción del Palacio del Lago. Menciona que fueron los adoradores de Melzas quienes lo construyeron. El Rey Snow quería que el interior del palacio fuera un laberinto. Lo hizo con la intención de que aquellos que realmente apreciaban a Melzas, se esforzaran para poder encontrarlo y rezarle. Los que lo consiguieron, fueron recompensados con sueños bonitos. Pero cuando el rey empezó a tener miedo de que Melzas ganara demasiado poder, prohibió la adoración y enterró el lago. El resto de la historia, ya la conoces.

- La guía también revela que Ronan fue expulsado de Ciudad Capital ocho años antes de los acontecimientos del juego. Eso explicaría que terminara en un pueblo más aislado de la civilización en el que poder manipular la fe de aquellos que todavía querían rezar a los dioses. También nos cuenta que Talis, el hijo del alcalde Beaumont, tiene tan solo nueve años. ¿Tuvo algo que ver la llegada de Ronan con la gestación? Nunca se sabrá, pero la edad del personaje nunca se menciona en el juego.

- Más inquietante es la historia de Sybill. ¿Era humana? La guía asegura que Sierra, la madre de la misteriosa niña, se hizo cargo de Tarn en Ciudad Capital. En efecto, el erudito sobre sueños, que fue profesor de Septimus. Según la guía, de sus experimentos nació Sybill, que tenía la capacidad de tener sueños premonitorios. Sierra se cansó de que experimentaran con su hija y se la llevó a Inoa. Según parece, Tarn los siguió y por eso se instaló cerca. Lo que no queda claro es qué significa eso de que nació de un experimento. Ni tampoco si Tarn era o no el padre de la criatura.

- Hablando de las armas del juego, hay una que, en realidad, podría estar viva. Según la guía, la Vara de Fuego contiene el alma del mago que logró dominar el poder del fuego. En cuanto a objetos, ¿te suena la historia de los Emblemas? Eso de que sean siete y se hayan dispersado por todo el mundo…

- ¿Alguna vez te has fijado en que la estatua de Melzas de la prisión de los Murgg tiene los ojos cerrados? Según la guía, es así porque las estatuas solo abrieron los ojos a partir del momento en que Ronan empezó a rezarles. Es simbólico, pero que Melzas consiga poder a través de las oraciones y abra sus ojos en los ídolos es fascinante.

- La guía también menciona que los Zolist no pueden soñar. Eso explica que Nava o Cephas no hayan caído presos de las pesadillas. Y también los convierte en excelentes guardianes o ayudantes. Eso y que aún es más divertido que Cephas tenga un conejo de peluche en su cama.

- Por último, aunque no es una curiosidad argumental, creo que te gustará saber que en algún que otro catálogo de Centro Mail aparecía como incentivo por la compra de *Alundra* el regalo de una camiseta. ¿Llegaste a tenerla o sabes cómo era exactamente?

15.

———— ∞∞ ————

TEORÍAS

———— ∞∞ ————

ejar el capítulo de las teorías para el final no es casual. Tras haber repasado la historia del juego, contada por el propio Alundra, es momento de compartir contigo las teorías argumentales que me he planteado durante años. Algunas, muy locas.

LA SECUELA PERDIDA

Nunca ha sido oficial, pero la primera de mis conjeturas viene apoyada por las pistas que dejó Matrix Software. Me refiero a que su idea inicial era desarrollar una secuela directa. Es decir, todo lo contrario a *Alundra 2*. De entrada, no hay más que ver el final del juego, con Alundra embarcándose en un viaje a través de unas tierras oscuras.

Una captura de ese preciso instante aparece al final de la guía oficial. Y en la descripción de la captura pone: «¿Es este el final… o solo el principio?». Sin duda, un final abierto por lo que pudiera ocurrir. Pero hay más. También en la guía, hay un momento en el que sugieren que podría haber una nueva deidad tras Wilda, Nirude y Melzas. ¿Tenían ya una idea de cómo enfocarlo?

Una teoría muy loca es que fuera el propio Alundra el que se convirtiera en esa deidad. Como bien sabes, son las personas las que convierten a los demás en dioses en el juego. Y no son pocos los habitantes de su mundo que rezan para que Alundra salga victorioso.

Imagina una secuela en la que Alundra saca a relucir su parte más oscura al recibir el poder de un dios, convirtiéndose en un villano. Evidentemente, no tiene ningún sentido por cómo es Alundra, pero recuerda que es precisamente Melzas el que hace reflexionar al jugador sobre la maldad. Dice que el mal nunca terminará porque las tinieblas habitan en el corazón de todo mortal, incluso en el de Alundra. Además, ese camino oscuro del *ending* bien podría ser una metáfora de esa maldad interior.

¿Qué me hubiera gustado a mí? Hay dos opciones que me parecerían interesantes para continuar con ese *cliffhanger* del final. Una sería que Alundra vuelve a tener sueños que le indican el camino a otras tierras en busca de un nuevo misterio. Y otra opción es que Alundra haya soñado con Jess. Ya que el juego trata temas como la espiritualidad o la fe, la secuela bien podría tratar el tema de otros planos espirituales. O incluso el de la vida después de la muerte.

Con todo, hay algo que tengo claro: Matrix hubiera preferido una secuela continuista. Y viendo lo de *Alundra 2*, no me cabe la menor duda de que siguieron las directrices marcadas desde arriba.

EL HIJO DE JESS

Ya sabes que Jess perdió a su hijo y a su esposa tiempo atrás. Y Fein le comenta a Alundra que si el hijo de Jess no hubiera muerto nada más nacer, tendría su edad. También se sabe que Jess encuentra en Alundra un gran parecido físico con su hijo. Pero nunca se especifica cómo murieron ambos personajes. Lo más normal es pensar que fue en el parto, ya que Fein dice que el niño murió nada más nacer. Sin embargo, no está claro si lo de nada más nacer es literal u orientativo. Por ejemplo, pudo ser unos días después.

Además, es extraño que Jess haya encontrado un parecido físico entre su hijo y Alundra, que es mucho mayor. Y eso me lleva a una interesante teoría. ¿Y si la mujer de Jess es realmente la madre de Alundra? Es una locura, pero el único parecido físico que veo posible entre ambos es algún rasgo del clan de los Elna. De hecho, tanto la marca de la frente como las orejas podrían ser motivos suficientes.

Lógicamente, que la mujer de Jess fuera del clan de los Elna no la convertiría necesariamente en la madre de Alundra. Pero… ¿y si el hijo de Jess nunca murió? ¿Y si ese niño era Alundra y Jess siempre ha sido su padre? ¿Quizá alguien interesado en los poderes de Alundra se lo llevara de ahí y fingiera su muerte? Eso también explicaría que Alundra no tuviera familia. En el juego nunca se menciona, pero queda claro que él no sabe nada de su clan. Da que pensar, ¿eh? Incluso es posible que la madre de ambos niños sea la misma, pero que Alundra no sea hijo de Jess. Nunca se sabrá.

Ahora piensa por un momento que el hijo de Jess no murió en el parto, sino poco después. Es poco probable por las palabras de Fein, pero no imposible. ¿Cómo habría muerto entonces? ¿Pudo morir ahogado en la playa de Inoa? Ese trauma explicaría por qué Jess estaba ahí, de «casualidad», cuando aparece Alundra. Incluso podría explicar los motivos por los que Jess cree que es su hijo.

Otra locura, lo sé. Pero piensa por un momento cómo te sentirías tú si pierdes a tu hijo de esa forma y, años más tarde, aparece un chaval en ese mismo lugar tras un naufragio. Y encima, con un rasgo calcado al que tenía tu hijo. ¿No te parecería que es cosa del destino? Otro tema esencial en el argumento de *Alundra*, por cierto.

Por último, también cabe la posibilidad de que Jess encontrara a Alundra por otro motivo. Puede que le preguntara a Yustel si algún día volvería a ser padre. Quizá ella lo mandó a la playa, augurando la llegada de un joven que le cambiaría la vida. Supongo que quince Gilders para el herrero no eran nada. Bromas aparte, tampoco se puede descartar a Sybill, que en nuestro primer encuentro deja claro que sabía de nuestra llegada.

¿Y SIERRA?

Sybill es fascinante. Pero su madre Sierra también es muy enigmática. Como he dicho antes, según la guía oficial, Sybill fue un experimento de Tarn. Pero el juego sugiere que Sierra también podría tener algún don relacionado con los sueños premonitorios. Incluso hay un momento en que comenta que ella también ha soñado algo extraño, malo e inquietante. Dice que es sobre su hija, pero que le ha dado tanto miedo que no se atreve a contarlo.

Poco después Sybill es asesinada. Desde mi punto de vista, eso es exactamente lo que había visto Sierra. Pero mi teoría no se queda solo ahí. A raíz de ese trauma, Sierra nunca vuelve a ser la misma. Pero… ¿qué sucedió realmente cuando los Murgg incendiaron Inoa? Los habitantes del pueblo la dan por muerta, ya que no se reúne con los demás en casa de Beaumont y su casa ha quedado reducida a cenizas. Pero su cuerpo nunca aparece.

Lo normal sería pensar que ha quedado calcinada. Pero es extraño que el juego sí muestre los cadáveres de Myra y Bonaire, delante de sus respectivas casas en llamas. De la misma forma que indica claramente cómo han fallecido Meade y Wendell. Sin embargo, Sierra es el único personaje del juego que nunca se sabe cómo ha muerto. Y sinceramente, es improbable que su cuerpo haya desaparecido como el de Giles, que luchó contra su alma corrompida.

¿Qué pienso que pudo pasar? Puede que, efectivamente, su cuerpo se calcinara. Pero con la particularidad de que haya sido por voluntad propia. Volviendo a esa capacidad de Sierra por tener los mismos sueños premonitorios que su hija… ¿Y si ella ya sabía lo del incendio y quiso morir por no poder soportar la muerte de Sybill? Muy macabro, ya que no habría hecho nada por salvar al resto. Pero piensa un momento: tampoco fue capaz de decirle a Alundra lo que había soñado con su hija. Y murió asesinada. Quizá estaba paralizada de miedo.

EL DESTINO

Las referencias directas al destino dentro del juego no son tan frecuentes como las relacionadas con la fe o la muerte. Sin embargo, de forma indirecta el juego envía muchos mensajes en esa dirección. De hecho, siempre deja claro que el destino está marcado y es inevitable.

En el juego, los sueños premonitorios de Sybill se cumplen a rajatabla, mientras que aquellos que no se cumplen de la forma en la que han sido previstos, acaban ocurriendo igualmente. El ejemplo perfecto es el sueño en el que Alundra habla con Lutas antes de que muera y Jess fabrique la Espada Sagrada. En el mundo «real», Ronan evita a toda costa que Lutas muera. E incluso mata a Jess pensando que nadie podrá fabricar la espada si él no está. Pero al final son los habitantes de Inoa los que, soñando juntos, acaban fabricando la espada.

Además, aparte de decirnos que el destino no se puede alterar con nuestros actos, la realidad es que acaban siendo esos actos, supuestamente para impedir el destino, los que provocan que realmente ocurra. De hecho, los habitantes de Inoa sueñan con la espada porque ya saben de su existencia por la visión de Sybill. Como gran amante de *Regreso al futuro*, es un detalle que me chifla.

EL CUENTO

Haber contado la historia de *Alundra* como si fuera un libro escrito por el propio personaje ha sido muy chulo. Pero, en realidad, es una idea que me dio el propio juego. Hablo de la pantalla para cargar la partida. Es algo muy original, ya que permite controlar a Alundra dentro de esa especie de biblioteca. Y dentro hay un sabio que invita al jugador a leer un libro que realmente te transporta a los libros del juego.

Además, el sabio dice que para reanudar el cuento basta con elegir la ranura de la Memory Card que quieras. Incluso dice que si no estás convencido, es mejor que te vayas. Curiosamente, Alundra aparece con una vestimenta más realista y menos «de videojuego». Es como si te estuvieran diciendo que ese chico lee un libro e imagina que él es el protagonista de las aventuras del cuento.

¿Puede ser que todo el juego sea un simple cuento? No lo creo, pero es cierto que el argumento está tan lleno de simbolismos, que podría ser la historia de un cuento para adultos. Y tampoco se debe olvidar al narrador, que a veces toma la palabra en el juego. Generalmente, cuando Alundra está durmiendo. En mi opinión, fue una manera muy brillante de introducir el tema de los sueños desde el principio.

LA ADVERTENCIA DE JEAL

Llega la hora de terminar este libro. Y quiero que la última teoría sea una pregunta sin respuesta que aparece en el juego con la intención de que sea el jugador el que haga volar la imaginación. Se trata de algo que Jeal, uno de los guardianes, le dice a Alundra. Este le anima a derrotar a Melzas, pero al mismo tiempo le advierte de algo muy importante: eso podría suponer el fin de la propia realidad.

A día de hoy sigo sin entender a qué podría referirse. Pero quizá podría tratarse de algo relacionado con la capacidad de los humanos de crear a sus propios dioses. ¿Y si Jeal sugería que la siguiente deidad sería incluso peor que Melzas?

En definitiva, hay preguntas que nunca serán respondidas. El argumento de *Alundra* no es perfecto, igual que tampoco lo es el juego. Pero lo que sí es prácticamente perfecto es el recuerdo que me ha quedado, grabado a fuego, desde la primera vez que puse el CD en mi querida PlayStation. Amor a primera vista.

16.

AGRADECIMIENTOS

Héroes de Papel, por darme la oportunidad de cumplir un sueño. También por su confianza y las facilidades proporcionadas.

A todo el equipo de la editorial que ha trabajado en este libro, corrigiendo, maquetando etc. Especialmente a Ricardo Martínez, por guiarme en el proyecto.

A Matrix Software por alejarse de las tendencias del momento y desarrollar un juego con absoluta libertad creativa.

A Working Designs por brindarnos una traducción exquisita y crear una introducción maravillosa.

A la difunta Psygnosis por publicar el juego en nuestro territorio. Y por supuesto a Sony por ofrecernos semejante título.

A todos los compañeros y amigos del pódcast de videojuegos retro *Memoria Cósmica*, por animarme siempre a buscar nuevos retos. Especialmente a Andrés Miguel, alias Cyberio, a Pablo Sánchez de Rojas, alias *spuny*, a Rubén Sevilla, alias *rbn_psx* y a Daniel del Puerto, alias *AhuraMazda*, como autor del fantástico prólogo de este libro.

A mi amigo Daniel Tojo, alias *true_kiat*, por sus inagotables conocimientos sobre la primera PlayStation. Y por haber descubierto y compartido conmigo detalles muy interesantes de las distintas ediciones americanas de *Alundra*.

A toda la comunidad de *speedrunning* de *Alundra*, que sigue haciendo descubrimientos increíbles en la actualidad.

A mi familia en general y a mi pareja Sònia en particular, por la paciencia que han tenido y su apoyo incondicional.

A mi jefe Diego López, por haberme dado días libres para dedicarle más tiempo a este proyecto.

A compañeros de profesión que me han apoyado durante muchos años. En especial a Xose Llosa, a Álex Pareja, a Juan García y a Marco Gonzálvez.

A todos los seguidores de mi pódcast, que sin saber qué tipo de proyecto tenía entre manos, ya querían apoyarlo. En especial al oyente más fiel, José Omar Núñez Barrios.

A María, mujer de José Omar, por seguir luchando contra la enfermedad de su marido y por la ayuda que le proporcionará a este para que pueda leer el libro.

A la escritora y creadora de contenido Laura Luna, por sus inestimables consejos como autora de Héroes de Papel.

Y por supuesto, a todos los que tenéis este libro en vuestras manos. Por haberlo comprado y por compartir vuestra pasión por los RPG en general y por *Alundra* en particular.

17.

REFERENCIAS
DOCUMENTALES

Alundra: Official Strategy Guide (1998). Working Designs.

Cadit (19 de febrero de 2022). Alundra TAS - Double Jump. https://www.youtube.com/watch?v=hl4DH5qcK3El4D

Leiva, C. (2 de noviembre de 2018). *Vandal Retro*. Alundra. https://vandal.elespanol.com/retro/alundra

CRX y gladiator | PlayStation DataCenter (s.f.). Página web que recopila datos técnicos sobre juegos de PlayStation, números de serie y más. https://psxdatacenter.com

IGN Staff. (9 de enero de 1998). Alundra. *IGN*. https://www.ign.com/articles/1998/01/09/alundra-3

Dvorak, J. | Game-Rave (s.f.). Página web que recopila portadas de videojuegos y sus variantes. https://game-rave.com/?p=1679

Young, J. (s.f.). Alundra - 1997 Developer Interview. *Shmuplations*. https://shmuplations.com/alundra/

Manual de *Alundra* español/inglés británico/inglés americano de PlayStation. (1998). Matrix Software, Working Designs y Psygnosis.

Metacritic. (s.f.). Metacritic Alundra. https://www.metacritic.com/game/playstation/alundra/critic-reviews

Patrick (TraynoCo). (10 de junio de 2021). Alundra Port Experimentation On Saturn. *SHIRO!*. https://www.segasaturnshiro.com/2021/06/10/alundra-port-experimentation-on-saturn

Revista *Hobby Consolas* (número 82, julio de 1998).

Revista *Superjuegos* (número 75, julio de 1998).

Fernández, R. (5 de agosto de 2018). The Adventures of Alundra, Retro Análisis. *MeriStation*. https://as.com/meristation/2018/08/04/analisis/1533398294_576731.html

Siliconera Staff. (13 de octubre de 2010). It Took a Year of Work to Bring Arc the Lad and Alundra to PlayStation Network. *Siliconera*. https://www.siliconera.com/it-took-a-year-of-work-to-bring-arc-the-lad-and-alundra-to-playstation-network

Spiriax (5 de mayo de 2021). Alundra speedrun strats and exploits. https://www.youtube.com/playlist?list=PLiIixRgZDwOFrAAPf9d-mUdE2qgG3oanwZ

surixurient. (17 de julio de 2014). Alundra port/clone. *SegaXtreme*. https://segaxtreme.net/threads/alundra-port-clone.23798/

The Adventures of Alundra Hints, Tips and Cheats (SLES-01135). (1998). Matrix Software y Working Designs.

TheSkyrae (5 de octubre de 2013). Alundra some unused things. https://www.youtube.com/watch?v=yKaQX7WPeco

Vaan (12 de mayo de 2016). Alundra - Early Earth Book and Nirudes Lair. https://www.youtube.com/watch?v=TKBUWFPYKyc